ヤクザと日本人

——その心理学的考察

大貫説夫

新曜社

ヤクザと日本人——その心理学的考察　目次

装幀――かとう　みつひこ

序章　荒ぶる神にたどりつくまで

ヤクザとの遭遇

私は学生時代に心理学を学んだ。とくに精神分析学に興味を持ち、フロイトやユングをはじめとしていろいろな本を読んだが、そのなかの一冊に土居健郎の『「甘え」の構造』があった。私はそれを読んでなるほどとは思ったが、それほど深く心をゆさぶられたというわけでもなく、その本のことはそのうちだんだん記憶の底にうずもれていった。

私は社会に出ても研究者にはならなかったし、心理学の専門職にもつかなかった。ただ、心理カウンセラーという仕事にひかれるものがあったので、職業とまではいえないまでも個人的にカウンセリングルームを開いてカウンセラーとしての活動をずっとつづけてきた。そのことがあって、心理学的なものの見方や考え方というものからまったく離れてしまうことはなかった。

四十歳をすぎてから、私はひょんなことから『実話時代』（創雄社）と『実話時代ＢＵＬＬ』（同）という実話誌のライターの仕事をはじめるようになり、「ヤクザ」と呼ばれる人々と接するようになった。

私はそれまで、ヤクザにたいして人並み以上に強い興味を持っていたわけではなかった。子どものころには正月に清水次郎長の映画を観たり、おとなになってからも高倉健主演の任俠映画をすこし観たりはしたが、ヤクザにたいしてそのくらいの興味を持つのは日本人としてはごくふつうのことだろう。私は若いころからものを書く仕事をしてみたいと思っていて、それができるようになったとき、たまたまそのジャンルがヤクザだったということにすぎなかった。

しかし、やってみると実話誌のライターの仕事は刺激的でなかなか興味深かった。私は全国各地に取材に出かけてはたくさんのヤクザの人々に会って話を聞き、ルポや実録小説、エッセイや評論などを書いてすごすようになった。そうしながらもたぶん私はしらずしらず、心理学的な目でヤクザを見ているところがあったのだろうと思う。ヤクザ社会の風俗習慣やしきたりや儀式などもそれなりにおもしろく感じられたが、私がとくに興味をひかれたのはヤクザの人々の生き方や人格の方だった。彼らは心理的な面でカタギの人々とあきらかにちがうところがあるように感じられて、心理学を学んだ者としてはおおいに興味をそそられたのである。

ヤクザとはなんなのかという問題

実話誌の取材の仕事でヤクザの人々に会うようになってまず私の頭に浮かんだのは、この人たちはいったいなんなのだろうかという素朴な疑問だった。

正直にいって、私はそれがなかなかわからなかった。ひと口にヤクザといっても、じっさいに会って話を聞く人々はじつにさまざまで、何人かに会っているうちになるほどこれがヤクザなのだとイメージがハッキリしてくるようなことにはならなかったのである。

わりあいハッキリしているのは、どの範囲の人々がヤクザなのかということである。なぜなら、ヤクザの世界は閉じられた一つの小社会を作っていて、そのなかに入っていなければヤクザとは認められないからである。たとえば私が、「自分はこれからヤクザとして生きる」と宣言したとしても、それだけですぐにヤクザになれるわけではない。ヤクザ社会の一部と認められている一家一門に所属していて、その名簿（チラシと呼ばれる）に名前がのっていなければヤクザとは認められない。そして、たとえヤクザの一員になっていても、何か掟に反するようなことをしたりしてヤクザとしてふさわしくないと見なされた者は破門や絶縁をいいわたされ、ヤクザ社会の隅々にまで破門状や絶縁状がまわされて、ヤクザ社会から追放される。ヤクザになるのもヤクザでありつづけるのも決してたやすいことではないのである。

令和元年版『警察白書』によると、そういうヤクザ社会の構成員が、平成三十年末の時点で全国に一万五千六百人ほどいるといわれている。そのほかにまだチラシに名前をのせてもらえない見習いの若い人々や、企業舎弟と呼ばれる周辺の人々（準構成員など）を含めると、三万五百人ほどになる。つまり、人口比でいえば成人男子のだいたい千人か二千人に一人がヤクザだということになる。

問題は、それらの人々はどういうところで根本的にカタギとは異なるのかということである。

今日、ヤクザは一律に「暴力団」と呼ばれているが、それはあくまでも外側からの呼び方であって、私が会ったほとんどのヤクザの人々は、自分たちがそう呼ばれることをにがにがしく受けとめているように見えた。自分は暴力団だと思って納得しているヤクザはたぶん一人もいないだろう。そして私の観察では、外側から見てそう呼ばれても仕方がない面があるとしてもそれはあくまでも一面でしかないし、そういう呼び方がまったくふさわしくないと思われるヤクザも少なくない。だから、ヤクザは暴力を道具として世をわたる人々の集団だと決めつけてすませてしまうわけにはいかないのである。

昭和三十年代ごろまでは、ヤクザは職業だと考えられていたかもしれない。すこしの例外を除けば、ヤクザといえば博徒《ばくと》かテキヤと決まっていたからである。しかし取締りが厳しくなって、だいぶ前から博徒は賭場《とば》を開けないようになったし、テキヤも露店の営業を大幅にせばめられている。専門にしていた職を失ったわけだが、それでヤクザがいなくなったかというと決してそうではない。ヤクザはそのまま生き残っていて、おかしないい方になってしまうが、最近の博徒のほとんどは賭場を知らないし、バイ（露店での販売）をしたことがないテキヤも増えてきている。当然、博徒とテキヤの区別もあいまいになってきて、じっさいに以前はテキヤだった一家が博徒の広域団体に加入していたりすることもごくふつうに見られる。そういうヤクザが今は何を職業にしているかというと、金融業や土木建築業や飲食店や風俗営業やその他いろいろな職業なのである。つまり、博徒とテキヤという職業はヤクザの本質ではなかったということになる。

それでは、当のヤクザ自身はヤクザとはどういうものだと思っているのだろうか。

興味をひかれた私は何人ものヤクザの人々に、「ヤクザとはなんなんですか？」とたずねてみたが、返ってくる答えはまちまちだった。「任侠道を生きる者」「アウトロー」「戦闘集団」「武士の心を持つ者」など、じつにさまざまで、要するに当のヤクザの人々にも、共通するハッキリした答えはないのだということがハッキリしただけだった。

現にヤクザとして生きている人々にとっても、ヤクザがなんであるかということがハッキリしないというのはいったいどういうことなのか。

昔だったら「自分は博奕打ちだ」「香具師《やし》だ」と答えればすんでいたが、賭場がなくなり、バイもしなくなった今となってはそうはいえない。職業がなくなれば、それまでは職業のかげにかくれていたみずからの本質があらわになるはずだが、それが自分でもどうもハッキリわからない。世間からは暴力団と呼ばれるが、決してそんなものではないはずである。そういう状況が背景にあって、自分なりの解釈がいろいろ出てきているのではないか——私にはそう想像された。

自分なりの解釈がいろいろ出てくるのは、それがもともとハッキリ自覚されにくいものだからだろう。そして本人にもハッキリ自覚されないのは、ヤクザの本質というのは信念や思想のように意識の表面にあるものではなく、自分自身でも自覚できないほど心の深いところに根を下ろしているものだからだろう。

ちなみにある親分は、「ヤクザは信念だ」と答えた。親分と呼ばれるほどのヤクザの人々の話を聞いているとたしかにそれぞれが信念を持って生きていることが感じられたが、その信念はまちまちなのである。そういうことから、私はその信念のうしろの見えないところに何か輪郭のぼんやりした別のものがひそんでいるような気がしてならなかった。

甘えの集団

そのうちに私は非常に単純な一つの事実に気がついた。それは、ヤクザというのは例外なく日本人らしい人々だということだった。しかし、そのことはおそらく私自身の心の盲点に入ってしまっていたようで、私はなかなかそれに気づかず、はじめは「古くさい」としか受けとめていなかったのである。

たとえばヤクザというのはほとんど例外なく演歌が好きである。私は取材のときにヤクザの接待を受けて、ヤクザがカラオケを歌うのをきいたが、演歌以外の歌が歌われたことはただの一度もなかった。私と同世代かそれ以上の世代の人間が演歌ばかり歌うのはそれほど不自然ではないが、老いも若きも演歌一色だったから、そこに特別な偏りといったものを感じないわけにはいかなかった。

さらにあるとき、私と同世代のある親分が、「ヤクザは浪花節《なにわぶし》だ」と語るのを聞いて、私はびっくりさせられた。その親分は、「人情話をきいて胸をうたれ、ホロリとする心で生きているのがヤクザで、自分もその一人だ」といったのである。

いうまでもないが、私と同世代（昭和二十年代生まれ）の人間は浪花節を愛好してきた世代ではない。ただ、私自身の例でいえば、子どものころに祖父がラジオで浪花節を聴いていたから、いっしょにいればそれがいやでも耳に入ってきて、聴くともなしに聴いていたということはあった。だからその内容はうろ覚えに覚えているのだが、自分は浪花節の心で生きているなどと思ったことはない。私と同世代のカタギの人間もだいたいそんなもので、浪花節よりはビートルズやローリングストーンズなどの方を好む者がずっと多いだろうと思う。浪花節が好きだというのは、私と同世代においては時代錯誤的に古くさいとみなされるのがふつうだろう。

私はそういう話を聞く前からヤクザ社会は全体的に古くさいと感じていた。神式の儀式、義理人情、まるで天皇のように絶対視される親分とその親分を頂点とするタテ社会、筆書きの名刺や義理回状など、今ふうにいえば「レトロな世界」と見られなくもないのである。

しかし、よくよく考えるとそうとばかりもいえないような気がしてきた。ヤクザはたしかに伝統を重んじるが、何もかも古くさいというわけではない。進歩的なところもいくらでもあって、たとえばヤクザは浪花節だと語ったその親分は、一方ではパソコンを使って仕事をしていた。携帯電話を持っていないヤクザはいないし、海外に出て事業をおこしている国際派のヤクザも少なくないのである。

だから、新しがりやの価値観で見るから古くさいと感じるだけであって、「新しい－古い」というモノサシをあてること自体がそもそもまちがっているのではないか。ほんとうはヤクザというのは精神的なところで昔からの日本人らしさを保っている人々なのではないかと、あるとき私は気づいたのである。

それを逆にいえば、今のふつうの日本人の心の中で、日本人らしさというものがないがしろにされてきているということなのかもしれない。私自身がその一人であって、自分が意識の隅の方に追いやってしまっている日本人らしさがヤクザの世界では大切にされているのを見て、古くさいと感じてしまう。たとえば浪花節よりはビートルズだと思っていることが、それを象徴しているのではないか。よく考えてみれば、私はビートルズの歌の歌詞の意味がほとんどわかっていない。うろ覚えの浪花節の「江戸っ子だってね、鮨くいねえ」や「赤城の月も今宵かぎり」といった断片の方がはるかによくわかって、イメージがわいてきたり心にしみたりする。にもかかわらず、私はビートルズの方が好きだと思っていて、浪花節が好きだということはなにかしら恥ずかしいことのように感じてしまうのだ。

そこまで考えたところで、私はふと、学生時代に読んだ土居健郎の『「甘え」の構造』を思いだし、ほこりをかぶっていたその本を書棚からひっぱりだして読みなおしてみた。

「甘え」とは受動的な愛情欲求のことで、母親との分離がはじまった乳児が、その母親との一体感を取り戻そうとする気持ちがもとになってできると考えられている。わかりやすくいうと、母親のようになつかしく感じられる相手にやさしく愛してもらうことを求める幼い子どものような気持ちが甘えである。

日本人は、子どもはもちろん、おとなでもよく甘える。子が親に甘えるだけでなく、なれ親しんだ恋人や夫婦もお互いに子どもにかえったようにべたべたと甘えあうことがめずらしくない。関係が遠くなるにつれて甘えも薄くなるが、薄くなりながらもそれは人間関係の全体を油膜のようにおおっている。われわれ日本人は、「甘えさせていただきます」といって膝をくずしてタバコに火をつけ、「お言葉に甘えて」人の世話になる。甘えられることが親密な人間関係へのパスポートであり、甘えられないのは遠慮があるということで、よそよそしい関係でしかないのである。

だから「甘え」という語は日本語のなかではあたりまえのように多く用いられるが、欧米語にはそれに相当する語は存在しない。だからといって欧米人に甘えの気持ちがないわけではないのだが、個人の自立が重んじられる欧米社会ではそういう気持ちは大切にはされない。だからあまり意識されることもないし、意識されるときには心のコントロールを失っているというように否定的に受けとられる傾向がある。土居はそこから考察を進めて、甘えの気持ちが日本人の心と日本社会にいかに深く広く根を張り、重要な役割を果たしているかを指摘している。そして、甘えが日本人の精神構造と日本の社会構造を理解するための鍵概念であると結論しているのである。

土居の甘え理論は、心理学の専門家にかぎらず、日本の知識人の多くが知っているはずだし、有力な反論が出されて否定されたという話も聞かれない。つまり、日本人の心理の説明として広い範囲に受け入れられ、ほとんど定説化していると考えてよいだろう。

さて、その『「甘え」の構造』を読みかえすうちに私はびっくりさせられたのである。説かれているることの何から何までが、私が観察してきたヤクザの人々やヤクザ社会の特徴にピッタリあてはまる。ひょっとしてこれはヤクザを観察して書かれたものではないかと錯覚されるほどだったが、もちろんそんなことはない。『「甘え」の構造』全体のなかで、ヤクザは、「なめる」という語を説明しているたった一箇所だけにしか出てきていない。

ともあれ、それまでは謎としか思えなかったヤクザのいろんな側面が甘えという概念をあてはめることでなるほどと理解されたのである。だから私は、ヤクザというのは心底から日本人らしい日本人の集団であり、いわば「甘えの集団」と呼ぶにふさわしいものにちがいあるまいと思わずにはいられなかった。甘えが日本語特有の語なら、ヤクザもまた日本固有の集団なのだから、そう考えても決して不自然ではない。それで私はヤクザというものが半分はわかったような気がしたのである。

荒ぶる神の末裔

しかし、それでもまだ謎は残っていた。それならヤクザの暴力団と呼ばれる側面はどうなのかということである。根っからの日本人である「甘えの集団」が、なぜ暴力的なアウトローの側面をあわせ持たなければならないのか。それがどうにも理解できなかった。

そこで私がまず着目したのは、ヤクザが長い歴史を生きながらえてきたのは、カタギ社会に深く根づいてお互いに依存しあう関係にあったからだということだった。暴力団と呼ばれる今のヤクザでも大部分はそうなのであって、まったくの犯罪組織でないかぎり、カタギとかけ離れたところで成り立っているわけではない。ヤクザはカタギ社会に依って立つ基盤を持ち、カタギの人々ともちつもたれつの関係があってはじめて生きていけるのである。

それを心の領域で見れば、ヤクザの心とカタギの心には通じあい、重なりあう部分があるということである。そしてそれは、ヤクザの心の中にもすこしはカタギの部分があり、カタギの心の中にもすこしはヤクザの部分があるということを意味している。ちがうもの同士がお互いにわかりあうというのはそういうことで、それでなければ依存しあう関係は成り立たない。そしてそこから想像できることは、日本人の心の深いところにはもともと「ヤクザらしさ」という水脈がひそんでいるのではないかということである。それが泉のようにところどころで地上にわきだしているのがヤクザなのだと考えると、いちばんつじつまがあう。

考えてみれば日本人はヤクザ好きで、清水次郎長や国定忠治はかつては庶民のヒーローだった。清水市には次郎長の記念館のようなものがあるし、群馬県のヤクザを取材したときには、私は忠治にあこがれてヤクザになったという複数の若いヤクザにも出会った。今でもヤクザ映画のファンは少なくないし、『男はつらいよ』の寅さんもテキヤである。演歌や浪曲にももちろんヤクザの心が歌われている。ヤクザの心というものがもっとも深いところから日本人の心をゆさぶり、ヤクザが日本文化のなかに独特の一領域を形づくっているということは否定しようもない事実なのである。

そこまで考えてきて、私はユングの「集合的無意識」という概念を思い出さずにはいられなかった。

精神分析学を知らない読者のために、ここでひととおり基本的な説明を加えておこう。

心の中には本人にもなかなか意識されにくい無意識の領域があるというのは、精神分析学の土台になるフロイトの考え方である。ユングはさらにその無意識の領域を個人的無意識と集合的無意識の二つに分けて考えた。かんたんにいうと、人の心の中には個人によって内容の異なる個別の無意識のほかに、同じ民族に属する人々が共通して持っている原始的で遺伝的な集合的無意識もある。さらにそれよりも範囲の広い人類全体に共通する集合的無意識もあり、個人の心の中でそれらが地層のように重なりあっているというような考え方である。

ユングのその考えからいえば、日本人にはもちろん日本人としての集合的無意識があることになる。たとえば、日本人が自然物にたいして独特の感情移入をして和歌や俳句などの文芸を生んできたことは、日本人としての集合的無意識に根ざしていると考えられる。

そして、ユングによれば集合的無意識のなかには「原型」と呼ばれるものが含まれている。原型とは、心を作っている要素の根源的な像のことである。たとえば、「母なるもの」は人類共通の集合的無意識に含まれている原型の一つであり、心の中の母親らしさという要素のもとになっていると考えられている。同じように「父なるもの」は父親らしさの原型であり、ユングが「アニマ」と名づけたものは女らしさの原型である。

ヤクザが日本文化のなかに独特の一領域を形づくっているという現象について、ユングのそういう理論をあてはめて考えると、日本人の集合的無意識のなかには「ヤクザなるもの」と呼ぶのがふさわしい原型が含まれているということになる。そう考えなければ、日本人に固有のそういう現象をうまく説明することはできそうにないのである。

そこで私は次に『古事記』を思い出した。

原型は個人の夢の中によくあらわれる。たとえば、男性の夢の中にだれかわからない男心をそそるような女があらわれれば、それはアニマであると考えられる。原型はまた民族の神話のなかにもあらわれている。なぜなら、ユング流にいえば神話は民族の夢のようなものだからである。たとえば、ギリシャ神話のなかに出てくる愛と美の女神アフロディテはギリシャ人にとっての理想的なアニマであると考えることができる。

とすると、もし日本人固有の原型の一つとして「ヤクザなるもの」があるとしたら、日本の神話である『古事記』のなかにそれをあらわすような神が登場しているにちがいない。

そう考えて『古事記』をひもとくと、まっさきに目に飛び込んできたのが「建速須佐之男命《タケハヤスサノヲノミコト》」だった。

須佐之男命《スサノオノミコト》は『古事記』に登場する多くの神々のなかでもひときわ異彩をはなつ荒ぶる神である。彼は高天《たかま》の原の統治者である天照大御神《アマテラスオオミカミ》の弟なのだが、姉にたいして乱暴狼藉をはたらいた。

天照大御神がそれをおそれ悲しんで天《あま》の石屋戸《いわやど》に隠れてしまったために、高天の原には夜ばかりがつづいてさまざまなわざわいが起こった。須佐之男命はその罪で高天の原を追放されるが、彼は地上に降り立つと邪悪な八俣《やまた》の大蛇《おろち》を退治し、民を助けたのである。『古事記』のなかでもとくに有名な話であるが、その須佐之男命のキャラクターをくわしく見ていくと、私がそれまでに私なりに理解していた現実のヤクザの人間像と驚くほど一致していた。だから、私はその荒ぶる神こそが「ヤクザなるもの」の神格化であると確信することにすこしのためらいも感じなかった。

あとでくわしく見ていくことになるが、ひと言でいうと「ヤクザなるもの」とは、日本人が甘えたくても甘えられないために荒ぶる心を持つようになったときにあらわれる原型の一つであり、須佐之男命という荒ぶる神はその神格化である。そしてヤクザというのは、「ヤクザなるもの」が人格化している人々にほかなるまい。もちろんただの仮説に過ぎないのだが、私にはそれは疑いようのないことのように思われた。

私はそれではじめてヤクザというものを根本から理解することができたと感じた。と同時に、ヤクザをそういうものとして理解すると、日本人と日本社会全体をより深く理解できることに気がついた。甘えの概念がそうであるように、「ヤクザなるもの」は日本人と日本社会を心理的に深く理解するための鍵概念であると私には思われるのである。

本書の意図するところ

じつをいうと、私は以上のような考察をなんとか形にしておきたいと考えて、二〇〇〇年から二〇〇四年にかけて、四十八回にわたって『実話時代BULL』誌に「ヤクザの心理分析・『病理集団』批判序説」という論考を連載した。

何はともあれ、そういう論考に発表の機会を与えてもらえたのは恵まれたことだったが、残念ながら私はせっかくのその機会をじゅうぶんに生かすことができなかった。その理由としては私自身の力不足をあげなければならない。私は勢い込んでろくに準備もせずに前人未到の領域に踏み込んでしまったために、ジャングルのなかで方向を見失った無謀な探険家のような状態に陥った。

それにもかかわらず、私の論考はヤクザ社会の一部から意外なほど好意的に受けとめられた。わざわざ編集部に電話をかけてきてくれたヤクザの親分も何人かいて、そのなかの一人は、「こういうことをだれかが書いてくれるのを待っていた」と語ったというのである。私はそれまでにも数多くの取材をとおして、どうしても社会から理解を得られないヤクザの人々の無念さというものを何度となく感じとっていたが、私の連載にたいするそうした反響からもそれを再確認させられる思いだった。

今回、全面的に稿を改めて私の考察したことを発表しようと思い立ったのは、私自身が、そうしなければならない責任を感じているからである。

以下の章で私が述べることは、読んでもらえればわかるだろうが、ごく当然だと思われるようなことばかりである。いくらかでも精神分析学を学んだ人間が、すこしでもヤクザ社会を見てまわれば、いや応なしにだれでも気づかずにはいられないようなことだろうと思う。それを今までだれもしてこなかったというところに、私はヤクザの世界とアカデミックな世界を隔てている深い溝の存在を感じないわけにはいかないのである。

私がたまたま二つの世界を行き来してきたことは、あるいはまれな幸いだったのかもしれず、今後そういう人間がいつまたあらわれるかわからないという気もする。それを思えば、私がここでこうした仮説を提出しておくことは決してむだなことではあるまいと思われる。なぜならヤクザを理解しないままでいることは、日本人全体にとっても決して有益なこととは思えないからである。

なお、私は本書を学術論文にするつもりはない。だから心理学の専門用語を使うのは必要最小限にとどめ、どうしても使わなければならないときにはそれなりの説明を加えたいと思う。専門知識のある読者にはわずらわしく思われるだろうが、できるだけ広い範囲の読者に読んでもらえることが私の望みとするところである。

第一章　建速須佐之男命の深層

本章では、「ヤクザなるもの」の神格化と考えられる建速須佐之男命《タケハヤスサノオノミコト》の心の深層を、甘え理論に照らしてあきらかにしたい。

1　須佐之男命の物語

建速須佐之男命について、『古事記』に記されているのは次のような物語である。原文ではわかりにくいので口語になおして、すこし解説を加えながら紹介していきたい。

出生までのできごと

須佐之男命《スサノオノミコト》は母を失った男神である。彼が生まれるまでのことはいわば家族背景にあたることだから、かんたんに要約して示しておこう。

まず、父・伊邪那岐命《イザナギノミコト》と母・伊邪那美命《イザナミノミコト》の結婚のようすは次のとおりである。

天の神に国作りを命じられて天くだり、結婚の約束をした二人は、伊邪那美命が右から、伊邪那岐命が左から「天の御柱」をまわった。出くわすと伊邪那美命の方から先に、「ああ、いい男だこと！」と声をかけ、そのあとで伊邪那岐命が、「おお、いい女だな！」と応えた。伊邪那岐命は、「女から先に声をかけるのはよくない」ととがめたが、二人は結ばれて子を生んだ。すると骨なしの子や泡のような子が生まれてしまった。二人が天の神に相談して占ってもらうと、「やはり女が先に声をかけたのがよくなかったから、もう一度やりなおせ」と告げられた。そこで二人はもう一度、柱をまわりなおし、今度は伊邪那岐命の方から先に声をかけて結ばれた。すると今度はまともな子が生まれてきて、国生み、神生みがはじまったのである。

二人は数多くの神々を生んだが、母親の伊邪那美命は火の神（火之迦具土神《ヒノカグツチノカミ》）を生んだときのやけどがもとで亡くなってしまった。すると夫の伊邪那岐命は、「いとしいわが妻を、子ども一人のために失ってしまったことよ」と泣き悲しんだ。そして長剣を抜き、妻にやけどをおわせた子の火の神の首を斬って殺してしまった。

そのあと伊邪那岐命は、妻をこの世に呼び戻そうとして死者の国（黄泉国《よみのくに》）へと出かけていった。そして、向こう側にいる妻に「帰ってきてほしい」と頼んだ。伊邪那美命も帰りたかったのだが、迎えにくるのが遅くてすでに黄泉国のかまどで煮炊きしたものを食べてしまっていたから、すぐには帰れなかった。そこで、「死者の国を治めている神に交渉してくるから、そのあいだ自分を見ないでほしい」といいおいて、ひっこんでしまった。

伊邪那岐命はしばらくじっと待っていたが、そのうちがまんできなくなり、約束を破って中に入っていった。するとそこにはウジがたかり、雷神が宿って醜くなった伊邪那美命のなきがらがあった。伊邪那岐命が驚きおそれて逃げだすと、伊邪那美命は、「わたしに恥をかかせましたね」と怒って追いかけてきた。伊邪那岐命は命からがら逃げ帰り、国ざかいで妻に離別をいいわたした。すると伊邪那美命は、「あなたがそうするのでしたら、あなたの国の人々を一日に千人ずつ殺しましょう」といった。それにたいして伊邪那岐命は、「あなたがそうするのでしたら、私は一日に千五百人ずつ生まれさせましょう」とこたえた。

さて、逃げ戻った伊邪那岐命はみそぎをおこないながらさまざまな神を生んだ。左目を洗ったときに日の神・天照大御神が、右目を洗ったときに月の神・月読命《ツクヨミノミコト》が、最後に鼻を洗ったときに嵐の神・建速須佐之男命がそれぞれ生まれてきた。

泣き暮らし荒れすさぶ

以下はあまり要約せずに物語を追っていこう。

伊邪那岐命は、「私は多くの子を生んできたが、最後に三人のとうとい子を得た」といたく喜んだ。そして、天照大御神には天空の世界（高天の原）を、月読命には夜の世界（夜の食国《おすくに》）を、須佐之男命には海原を、それぞれ治めるように命じた。

ところが、ほかの二人は命じられたとおりに天空と夜の世界を治めていたのに、須佐之男命は海原を治めようとしないではげしく涙を流して泣いてばかりいたので、海原ではわるい神々がさわぎだしていろいろなわざわいが起こった。そこで伊邪那岐命が、「どうしておまえは私が命じたように国を治めずに泣いてばかりいるのか」とたずねると、須佐之男命は、「私は亡き母の国である根の堅州国《かたすくに》（地底の片隅の国）に行きたいのです。それで泣いているのです」と答えた。伊邪那岐命はそれを聞いてはげしく怒り、「だったらおまえはこの国には住むな」といって、須佐之男命を追放してしまった。

追放された須佐之男命は、「それなら姉の天照大御神にわけを話してから出ていこう」といって、天にのぼっていった。するとそれを知った天照大御神は、「弟があしてのぼってくるのは忠誠の心があってのことではないだろう。私の国を奪おうと思っているにちがいない」と誤解してしまった。そこで彼女は男の身なりをして武具をたずさえ、威勢よく雄たけびをあげながら待ちかまえていて、「なぜのぼってきたのか」とたずねた。須佐之男命は、「私には謀反の心はありません」といってわけを話したが、姉の疑いは解けなかった。そこで、須佐之男命の心が忠誠であるかどうかを占うための卜占がおこなわれた。

くわしい内容は省略するが、須佐之男命はその卜占に勝った。すると彼は、勝ったいきおいにまかせて姉の田のあぜを荒らしたり、祭殿にクソをまき散らしたりという乱暴をはたらいた。天照大御神はそういう弟をとがめず、逆にかばっていたが、それでも弟は乱暴をやめずにますますはげしくあばれまわった。ついには天照大御神がはた織りをしているときに、はた屋の屋根に穴をあけ、まだら馬の皮をはいで中へ投げこんだために、驚いたはた織り娘が陰部に梭《ひ》を突き刺して死亡するという惨事が起きてしまった。

追放と大蛇退治

天照大御神はおそれ悲しみ、とうとう天《あめ》の石屋戸《いわやと》の中にこもってしまったので、日の神を失った高天の原には夜ばかりつづいてさまざまなわざわいが起こった。困りはてた八百万の神々は一計を案じて天宇受売命《アメノウズメノミコト》に裸踊りをさせ、天照大御神を石屋戸からひきずりだした。このあたりのことは「天の石屋戸神話」として知られているが、須佐之男命とは直接の関係がないので、くわしいことは省略する。

さて、こうした罪をおかし、高天の原にわざわいをもたらした須佐之男命は罰を受けないわけにはいかなかった。ひげを切られ手足の爪を抜かれて高天の原から追放されたのである。

追放された須佐之男命は、出雲の国の肥の河のほとりの鳥髪というところにくだった。すると箸がその河を流れくだってきたので、上流に人が住んでいることがわかり、たずねていくと老夫と老女が童女をなかに置いて泣いていた。足名椎《あしなづち》、手名椎《てなづち》の夫婦とその娘の櫛名田比売《くしなだひめ》の三人だった。泣いているわけをたずねると、「私には娘が八人おりましたが、八俣の大蛇《やまたのおろち》が年ごとに来て食べてしまいました。今度はこの子が食べられることになるので泣いているのです」と答えた。それを聞いた須佐之男命は、「この娘を私にくれないか」ともちかけた。彼が天照大御神の同母弟であり、天からくだったところであると聞いた足名椎と手名椎は喜んでその申し出を受け入れた。

そこで須佐之男命は娘を櫛の姿に変えて髪にさすと、「おまえたちは強い酒をかもし、また垣を作りめぐらし、その垣に八つの門を作り、門ごとに桟敷を作り、その桟敷ごとに酒瓶を置き、それに酒を盛って待っておれ」と命じた。二人がそのとおりにして待っていると、やがて八俣の大蛇があらわれた。大蛇は八つの酒瓶のそれぞれに頭を入れて酒を飲み、そのうちに酔って眠ってしまった。そこで須佐之男命は剣を抜いて出ていき、大蛇を切り刻んで殺したのである。

彼が大蛇の尾の部分を切ったときに剣の刃が欠けた。切り裂いてみると大刀があった。それを取り出し、不思議なことなのでわけを申しあげて天照大御神に献上した。それが草薙の大刀である。

八俣の大蛇を退治した須佐之男命は、出雲の国に宮殿を造るための土地をさがした。須賀の地まで来たとき、「私はここに来て、心がすがすがしく感じる」といい、その地に宮を建てて住まった。彼はそこで櫛名田比売を妻とし、他にも六人の女神をめとって、あわせて八人の子をもうけた。そのうちの一人が大国主神《オオクニヌシノミコト》である。

以上が『古事記』のなかに記されている須佐之男命の物語である。

2　須佐之男命の心理分析

はじめに、『古事記』にこういう物語がのっていることをどう解釈できるのかということについて、かんたんにふれておこう。

すでに述べたように、ユングによれば神話はいわば民族共通の夢のようなものである。そこには古代人の心に宿っていたいろんな思いやさまざまな心の要素が、神々の織りなす物語として語られていると考えられる。

そして、個人のものであれ民族のものであれ、夢というのはすべて体験にもとづいている。もちろん体験したことがそのまま出てくるわけではなく、夢の中ではむしろ願望や不安が語られることが多いのだが、そういう場合でも土台にはなんらかの体験がある。その体験から生まれた「こうであればいいのに」という願望や、「こうなってしまうのではないか」という不安がイメージやストーリーの形をとってあらわれ出るのである。

須佐之男命の物語にもそれはあてはまるだろう。つまり須佐之男命とその物語は古代の日本人の心の中に宿っていた思いや心の要素の一つであって、それはじっさいの体験にもとづいて作られたものだということである。

さて、それでは須佐之男命という神には、古代日本人のどのような心があらわされているのか。

以下にくわしく見ていくことにしよう。

母と父のいさかい

まずは背景となる家族環境から見ていこう。

原型という考え方をあてはめると、伊邪那岐命は日本人にとっての「父なるもの」で、伊邪那美命は「母なるもの」だろう。つまり伊邪那岐命は日本人にとっての典型的な父親像であり、伊邪那美命は典型的な母親像だということになる。

では、伊邪那岐命とはどんな父親なのだろうか。

結婚のいきさつからすると、一応は彼が妻の上に立つ形になっていた。つまり男が女をリードするものだとされていたのであるが、柱まわりのエピソードをよく読むと、もともとはその逆だったということがわかる。はじめは女神の伊邪那美命がリードしていたが、それでは国作りがうまくいかなかった。その体験をふまえて、男神の伊邪那岐命がリードする関係になおされたのである。

しかし物語を注意深く読んでいくと、心の領域ではどう見ても伊邪那岐命が伊邪那美命に強く依存している関係だとしか思えない。

国を作り、子どもたちに統治を命じるのであるから、伊邪那岐命はしっかりした父親でなければならないはずだが、彼の心は決してそういうものではないのである。

伊邪那美命が亡くなると彼は悲しみにくれて泣き伏し、怒りにかられて、妻を死なせてしまったわが子を殺してしまう。そしてさびしさに耐えきれずに黄泉国まで妻のあとを追っていき、「帰ってきてくれ」と乞い願う。しかも、そこでもまた待ちきれずに約束を破って彼女の醜い姿を見てしまい、怒られて命からがら逃げ帰る。つまり妻に死なれたことで、頼れるものを失ったようにおろおろと取り乱してしまっているのである。伊邪那岐命のそういう姿を見れば、彼の心がいかに強く妻に依存していたかはあきらかだろう。

一方、母親の伊邪那美命はすでに死んでしまっているのであるが、彼女が火の神を生んだために死んだということについては、すこしうがった解釈ができる。

火は文明のシンボルである。なぜなら人間は火を使えるようになったことで文明を作りあげることができたからである。だからその火によって死んだということは、文明が生まれてくるにつれて「母なるもの」が社会の中心から遠いところへ追いやられてしまったことをあらわしていると受けとることができる。

そのことには現実の裏づけがある。大和朝廷が成り立つ前までの日本社会は、女王の卑弥呼《ひみこ》が邪馬台国を支配していたことからわかるように母性の強い社会だった。それが、中国文化が入ってきて文明化が進み、大和朝廷が国を統一するような時代の流れのなかで、しだいに父性を中心とする社会へと変わってきたとされている。政治や経済などのおおやけの世界ではじっさいにそういう変化が起きていたのである。

しかし心の領域ではまた話は別である。制度や社会の仕組みといったような外側のものはかんたんに変えられても、人の心の内側はそんなに急には変わらない。外側では社会の片隅に追いやられても心の領域ではまだまだ母性が強く、男は女から権力を奪いとっても心の深いところでは女に頼らずにはいられなかった。黄泉国で、伊邪那美命の怒りをかった伊邪那岐命がおそれをなして逃げださずにはいられなかったことから、男と女のそういう関係を読みとることができるだろう。

いずれにしても須佐之男命の父親と母親のあいだには不和があって、父親の心の中には母親にたいする感情的なわだかまりがあったにちがいない。

なお、須佐之男命は伊邪那岐命がみそぎをして鼻を洗ったときに生まれてきたのであるから、現実的に考えればその時点で彼はすでに母・伊邪那美命と死別していて顔も知らないはずだということになる。ただ、伊邪那岐命が死後の伊邪那美命といさかいをして離別したことになっているぐらいだから、この話においてはこの世とあの世が隔絶した世界であるとは見なされていない。だから須佐之男命も母親と離別しているともとれる。神話は夢のような話なのだから、いったいどちらがほんとうなのかなどと考えてもあまり意味はないだろう。いずれにしても須佐之男命は母親の存在を知っているが隔たったところに位置していて、恋しいと感じている。

須佐之男命はそういう家族環境のなかで生まれ育ったのである。

父と子の心のドラマ

海原の統治をほったらかして泣き暮らし、父親にわけをきかれると、「私は亡き母の国に行きたくて泣いているのです」と答える。神であるにもかかわらず、父親に命じられた仕事もせずにそんなふうになっている須佐之男命というのは『古事記』に出てくる神々のなかでもひときわ異様である。神というよりはだだっ子のようで、神というものが持っているはずのおごそかさのようなものはまったく感じられないし、だれの目にもかなり常軌を逸しているように映るにちがいない。

このときの須佐之男命の心は、母親と離されたために泣きわめいている赤ん坊と似たようなもので、母親に甘えたい気持ちにおぼれている状態だとしかいいようがない。

物語はそこからはじまっているのだから、そういう気持ちこそが須佐之男命の心の本質で、出発点だということになる。それはまちがいないだろう。しかしよくよく考えてみると、そういう須佐之男命の心の中には母親に甘えたいという気持ち以外の気持ちも混じっているのではないかという疑いが頭をもたげてくる。

すでに見てきたように、じつは父の伊邪那岐命も妻に甘えたかったのである。しかし、はげしく怒られて離別したためにそれができなくなってしまった。だからもちろん、彼の心の中には妻にたいする強い愛憎の気持ちがわだかまっているはずである。そういう父親の命令をきかずに、「母の国に行きたい」といって泣き暮らしている須佐之男命の心には、自分を甘えたくても甘えられない身の上にしてしまった父親への反感がひそんでいないだろうか。両親がケンカ別れをして、父親といっしょに暮らしている息子がその父親に命じられた仕事を放りだして、「母さんのところへ行きたい」などといいだせば、父親が怒るのは当然だろう。もし父親との関係を大切にしたいと思っているのなら、そんなことをいうはずがないのである。

そう考えれば、須佐之男命は父親にたいしてはひねくれて反抗しているのだと考えるのが自然だろう。彼が父親に命じられた海原の統治を放りだしていたというのもいわば非行的怠業のようなもので、そこには自分を母親の愛情から遠ざけてしまった父親にたいする反感や怒りの気持ちがこめられていると見られなくもない。そして、ひねくれるというのはじつは甘えの裏返しの気持ちだから、彼は父親にたいしても根っこのところでは甘えているということになる。

須佐之男命がそんなに甘えん坊になってしまっているのはもちろん彼が伊邪那岐命の息子だからだろう。息子は父親の分身のようなものだから、ほんとうはもっと妻に甘えていたかったという父親の心を受け継いだのである。しかし、父親の心の中ではそういう思いが打ち砕かれたことによる憎しみが生まれていて、妻にたいする甘えや愛情はすでに封印されてしまっていただろう。つまり、ケンカして別れた女のことは思い出したくもないという心境だったにちがいない。

須佐之男命の言動は、そういう父親にしてみれば傷口にいきなり指を突っ込まれるようなことだったろう。いわば息子は父親がいちばんふれてほしくないところを深くえぐったのであるから、伊邪那岐命がはげしく怒ったのも無理はなかったのである。

しかしここでの追放は決して刑罰ではない。父親は怒りはしたが、息子が「母の国に行きたい」といいだしたから、「それならおまえはこの国に住んではいけない」と応えたまでで、息子の望みを否定したわけではない。自分の心の中にも同じ願望があってかつては自分も黄泉国まで妻をたずねていったのだから、「行くな」とはいえない。「勝手にしろ」と怒りながらも、息子がだだをこねている気持ちがわからないでもなかったのかもしれない。

追放の裏側では、以上のような父と子の心のドラマが演じられていたものと考えられる。

姉と弟の心のドラマ

追放された須佐之男命が姉・天照大御神にわけを聞いてほしくなって天にのぼったというのは、ひたすら姉に甘えたい気持ちからだったろう。自分がこういうわけで父親に怒られ、追放されたのだというようなことをわざわざ姉に告げにいく弟の気持ちを想像すれば、それはだれにでもわかるだろう。「ああよしよし、かわいそうに。私にはおまえの悲しみが手に取るようにわかるよ」とでもやさしくいってもらって、抱きしめてもらえれば彼の心は癒されたはずだった。

つまり、母親に甘えたくても甘えられず、父親からは怒られて見放された須佐之男命は、今度は姉を母親がわりにして甘えの欲求を向けていったのである。

ところがその姉には現実的な統治者としての側面があって、そういう弟の甘えを手放しで受け入れることはできなかった。彼女が、弟が攻めてきたのだろうと誤解して迎え討とうとしたのも、反逆の心がないことを証明するための卜占をおこなったのも、統治者としては当然の対応だったろう。しかしそれは甘えたい一心の須佐之男命には冷たい仕打ちとしか感じとられず、彼の心はそれによってますます傷つけられてしまったのである。

卜占に勝った須佐之男命が勝ちにまかせて乱暴狼藉をはたらいたのは、傷つけられたことによって彼の甘えが「うらみ」や「すね」や「ひねくれ」といった攻撃的な気持ちへと裏返されたからにほかなるまい。甘えの強い者は傷つきやすく、甘えられないとひねくれて怒りだすということは、われわれ日本人が日ごろ身近に体験することだから、この須佐之男命の心理はだれにでもわかるはずである。

田んぼのあぜをくずしたり、祭殿にクソをまき散らしたり、あるいははた屋の屋根から皮をはいだ馬を投げこんだりというようなおこないは、要するにいやがらせだろう。乱暴狼藉がそのぐらいの範囲にとどまっていて、姉のからだに手をかけるようなことまではしなかったのは、根っこにあるのが愛情だったからである。もともと甘えたかっただけなのだから、自分がどれだけ傷ついてどれだけ怒っているかを姉に思い知らせればいいのだ。卜占にもあらわれたように弟の心はもともと「清く明し」であって、ひねくれていろいろわるさはしても邪悪というわけではないのである。

天照大御神にもそういう弟の気持ちがわかっていたから、彼が何をしてもとがめずにかばっていたのである。しかし弟にしてみればそれでは気がすまない。彼は姉を泣かせて、「私がわるかった。どうか許しておくれ」とひざまずかせたいのだ。だから、じっとがまんをしているやさしい姉にたいしてさらにいやがらせを重ねずにはいられず、姉はたまりかねてとうとう天の石屋戸にこもってしまったのである。

真価の発見

高天の原から追放された須佐之男命はなぜ、どんな気持ちで大蛇退治をすることになったのだろうか。

「母の国へ行きたい」といって泣き暮らし、荒れすさんで姉にいやがらせをした彼がそういう形で社会の役に立ったというのは一見、意外なことにも思えるが、もちろん偶然のなりゆきなどではあるまい。個人の夢がそうであるように、民族の夢である須佐之男命の物語も深いところではつじつまがあっているはずである。

まず、高天の原から追放された須佐之男命の気持ちはどんなふうだったのだろうか。

天照大御神の同母弟という高貴な身分の彼がそういうはずかしめを受けたのだから、悲しく情けない気持ちだったことはいうまでもあるまい。そして、本心では慕っている姉にわるさをしてひどい目にあわせ、天の石屋戸にこもらせるほど苦しめたのだから、姉にたいするひねくれた気持ちはもうそんなには残っていなかったろう。だから、たとえばわるさがすぎたために家から追い出されたいたずら小僧のような気持ちだったかもしれない。ちょっとやりすぎてしまったと後悔していたかもしれないし、「姉さんはどう思っているのだろうか?」と気にしていたかもしれない。

その彼が櫛名田比売を守って大蛇退治をする気になったのは、一つには娘に好意を持ったからにちがいあるまい。「この娘を私にくれないか」ともちかけているのだから、八俣の大蛇に食わせてしまうよりは自分のものにしたかったのである。

ただ、そういうことがなかったとしても、彼はやはり大蛇退治をしたのではないかとも思われるのである。なぜなら、甘えの強い子どものような心というのはもともと共感性が高く、情が深いという特徴を持っているからである。自分自身の甘えにたいしておおらかな人間は、他者の甘えにたいしてもおおらかなのだ。そういう彼が足名椎家の人々が悲しみに暮れているのを見てしまえば、黙って通りすぎてしまうことはできない。つまり、かつて彼を「母の国に行きたい」と泣き暮れさせたり、姉にいやがらせをはたらかせたりしたまさにその心が、今度は彼をごく自然に大蛇退治へと向かわせずにはいられなかったということなのである。

八俣の大蛇とは「邪悪なもの」のシンボルだろう。その大蛇を退治し、櫛名田比売を救ったことで、ここではじめて須佐之男命がほんとうは清らかでまっすぐな心の持ち主で、それなりの役割をになってこの世に生まれてきたのだということがあきらかにされるのである。それまでの彼はまったくいいところがなかった。自分自身もぐしゃぐしゃした気持ちだったろうし、まわりにとっても厄介者でしかなかった。どこにもとりえがないように思われていたそういう荒ぶる神が、民を救って世の中の役にたつというどんでん返しを演じてみせて、この物語はなるほどと納得のいく終わり方をするのである。

大蛇の尾から出てきて三種の神器の一つとなった草薙の大刀は、須佐之男命がみずからに見いだした価値ある自己像のシンボルだろう。すなわち民衆の前に生い茂って行く手をはばむ邪悪なものをなぎ払うことが彼の役割なのである。そして、それを天照大御神に献上したということが、彼の気持ちをあきらかにしている。彼はもともと深いところでは姉を慕っていたのだが、追放されてもその気持ちに変わりはなかった。草薙の大刀の献上には、そういう彼の真心を姉に伝えて、あらためて忠誠を誓う意味がこめられていたと考えられる。

そして、そこに至って須佐之男命ははじめて、「心がすがすがしく感じる」という心境になったのである。

高天の原から追放されるまでの彼は甘えが強くて、甘えたくても甘えられないために荒ぶっていた。彼の心のわるい面が表にあらわれていたために、そんなふうになってしまっていたのである。しかし大蛇を退治して民を救えたことで、情が深く、勇敢であるというみずからの心のよい面をあらわすことができた。そういう自分自身の真価の発見と姉との和解が、彼の心のわだかまりを解いたのだろうと思われる。

3　甘えにおおらかな日本人

荒ぶる若者の更生の物語

須佐之男命というのはいったいなんなのだろうか。日本神話である『古事記』になぜこんなめずらしい神が登場してくるのかということには、おおいに興味をそそられずにはいられない。

伊邪那岐命は、天照大御神と月読命と須佐之男命を生んで、「私は最後に三人のとうとい子を得た」と喜び、それぞれに高天の原と夜の世界と海原を治めるように命じたのである。そして、高天の原を治めた姉・天照大御神が日本の皇室の祖であると見なされたことから考えれば、須佐之男命もまた古代人にとってかなり重要な神の一人だったことはたしかだろう。

荒ぶる甘えの神である須佐之男命がそういうところに位置していたということは、わが国の古代社会と古代人の心の中においては男の子の甘えが大きな問題の一つだったことを反映していると考えることができる。

土居健郎は、日本人の神経症は甘えたくても甘えられない気持ちが原因になることが多いと指摘しているが、非行についても同じことがいえるのである。

甘えはやさしく愛されたいという受け身の欲求だから、それが満たされるかどうかは相手次第である。そして小さな子どもでもないかぎりそれは満たしてもらえないことが多いから、甘えたい者の心は傷つきやすく、満たされない甘えは裏返しになって、「うらみ」や「ひがみ」や「すね」や「ひねくれ」などの気持ちに転じやすい。そしてそういう気持ちには攻撃性が含まれているから、非行の原動力になりやすい。須佐之男命がそのいい見本で、姉にいやがらせをしていたときの彼の心の中ではそういうことが起きていたのである。

当時の人々の心はまだ母性による支配を完全には抜けだしていなかったにもかかわらず、男性中心の社会を作っていかなければならなかった。そういうなかでは当然、甘えが強すぎるために男中心の社会への適応がうまくいかずに荒ぶってしまうような若者も多かったはずである。もちろんみんながみんな須佐之男命のようだったというわけではないだろうが、じっさいにあった数多くのケースを重ねあわせてドラマチックに構成したものが須佐之男命の物語だったと考えるのがいちばん理にかなっているように思われる。

そう考えると、この物語は甘えたくても甘えられないために適応に失敗し、荒ぶって罪をおかしてしまったような若者がいかにして適応を取り戻して生きていくかということをテーマにしていると考えられる。そういう若者は罪をおかすようなことがあれば社会の表舞台からは追放されなければならないが、もともとよこしまな心の者ではないから、民衆のなかに埋もれて持ち味である情の深さと勇敢さを発揮すれば民衆を邪悪なものから守ることができる。そういうはたらきをすることで統治者から許され、みずからもすがすがしい気持ちで生きられるということなのである。

つまり、かんたんにいってしまうと須佐之男命の物語とは、甘えがもとでグレてしまい、罪をおかして追放された若者がそれなりに更生して生きていく話だといえるだろう。

甘えを受けとめるおおらかさ

そう考えると、須佐之男命の物語から、古代社会の人々が非行の問題をどう受けとめていたかを読みとることができる。

罪をおかしたために追放されはするが、須佐之男命は基本的にはわるものとは受けとめられていない。それは子どもでもわかることで、アンパンマンはよいものでバイキンマンはわるものだが須佐之男命はどっちなのかとたずねられれば、たいていの子どもはよいものだとこたえるだろう。おとなも同じで、ちょっと首をかしげる部分はあるにしても、須佐之男命がわるものだと思う日本人は一人もいないだろう。

須佐之男命がなぜそういうキャラクターに描かれたかというと、この神話を生み出した人々は、いろいろ問題があって社会にわざわいをもたらした彼の心の中にも、「清く明き心」を見ていたからである。甘ったれていて子どものようだとはいえ、もっともだと感じられる部分がないわけではない。むしろ無邪気だからこうなったのだ。問題児ではあっても決して邪悪ではないのだから、この世で果たすべき役割があるはずだ——そう考えるおおらかさがなければ、荒ぶる神はわるものになるほかなかったろう。そして、そこに日本人と日本社会のきわだった特徴を読みとることができる。非行をおこなう荒ぶる神に民を救うという役割が与えられたのは、日本人がおこないそのものよりは心のありようを重んじたからで、心が邪悪でない者にたいしてはおおらかだったからにほかなるまい。そして、そのおおらかさはとりもなおさず甘えを肯定する気持ちからきているのである。

土居健郎は、日本人にとって甘えの心が非常に身近であり、日本の社会も甘えを許すようにできあがっていることを指摘しているが、須佐之男命の物語には日本人のそうした民族性があり余るほど投入されている。

すでに見てきたように、甘えの神はじつは須佐之男命だけではなく、父親の伊邪那岐命もまたたっぷりと甘えをたたえた神なのである。そして、そういうふうに男神に甘えが強いということは、裏返していえばそれを受けとめてくれる母なる女神がいるということで、その典型が天照大御神だろう。

彼女が、いやがらせをはたらく須佐之男命をとがめもせず、「田のあぜをこわして溝を埋めたのは、土地が惜しいと思って、私のいとしい弟はそのようにしたのでしょう」などといってかばったのは、「弟はほんとうは私にやさしくしてもらいかっただけなのに、私が疑ったりしたからひねくれてしまっているのだ。かわいそうに」と思っているからで、弟の心のうちの甘えを察してそれに応えているのである。まるで、だだをこねる幼児をあやしている母親のようなやさしさだといえるだろう。

また、須佐之男命が献上した草薙の大刀が突き返されたという記述はないから、天の石屋戸にこもらずにはいられないほどのつらい思いをさせられても、天照大御神は彼を許したということになっているのである。そういう心やさしい女神がいなければ甘えの権化のような男神もいられない。幼児のような甘えの男神と母親のようなやさしい女神が対をなして描かれているのが、須佐之男命の物語の大きな特徴なのである。

物語がそういうものになっているのは、日本人の心に甘えに満ちた心を受けとめるだけのおおらかさがあるからで、それが日本人と日本社会のきわだった特徴の一つなのである。

日本固有の荒ぶる神

甘えという語が日本固有のものであるなら、須佐之男命のような荒ぶる甘えの神もまた日本固有の存在であることはまちがいないだろう。

私は神話学の専門家ではないから断言まではできないが、ギリシャ、ローマ、インド、中国、北欧などの世界中のおもだった神話をひととおり調べたかぎりでは、須佐之男命のような神は一人も見つからなかった。諸外国の神話のなかにも、荒ぶる神と呼べなくもない破壊の神や乱暴者の神が出てこないわけではないが、私の知るかぎりでは、須佐之男命のようなタイプの荒ぶる神はまったく見あたらなかった。

須佐之男命の場合には、「母の国へ行きたい」と泣き暮らすところから話がはじまっているから、「この神さまはほんとうはやさしくされたいのに冷たくされたからひねくれてしまって、それで乱暴をしているのだ」ということがだれにでもわかる。しかし外国の荒ぶる神の場合は、もし荒ぶったそもそもの動機や原因から語りだされていればひょっとして似たようなものなのかもしれないが、そこまで戻って語りだされるということがない。彼らは登場してきたときからすでに荒ぶっていて、いきなりそのキャラクターやおこないが語りだされる。荒ぶっている理由や心のうちにひそんでいるかもしれない思いには目が向けられていないのである。

なぜそうなるのかというと、甘えという気持ちを認めていないからである。

すでに述べたように、甘えの気持ちを持っているのは決して日本人だけではない。同じ人間なのだから西欧やその他の諸外国人にも同じ気持ちがあることはたしかだろうが、それは社会的に認められないから意識されにくい。じっさいにはあるのだけれども、よくない気持ちだから、ないことにされてしまうのである。

甘えという語を英語に翻訳してみると、日本人と西欧人のそういうちがいがよくわかる。たとえば「男の子が母親に甘えている」ことをアメリカ人に伝えるとしたら、

He is playing the baby to his mother.

（直訳　彼は母親にたいして赤ん坊を演じている）

ということになって、いいたいことは伝わるだろう。しかし、「彼は妻に甘えている」だとそうはいかない。

He is playing the baby to his wife.

というほかはないが、おとなの男が赤ん坊を演じているというのでは首をかしげられるならまだしも、心に異常をきたしていると受けとられかねない。夫が妻に甘えているという日本人にとってはごくあたりまえの状態をアメリカ人に正確に伝えることは非常にむずかしいのである。

そういう不都合が起きるのはいうまでもなく、甘えという概念がわが国だけのもので、欧米にはないからである。ついでにいえば中国語の「甘」にも甘えの意味はない。日本語において「甘え」の語源が「甘い」であるのは、甘えている心に味覚の甘さと似通った甘美さが感じられるからだといわれているが、それは日本人の思いつきで、中国人にはそういう発想はなかったのである。

甘えの英訳が「play the baby」になっているのは、そういう気持ちは赤ん坊のものだという考え方にもとづいている。じっさい、前にも述べたように、甘えの欲求がはじめて起きるのは乳児期である。乳児は成長するにつれて、母親が自分とは別の存在であり、自分から離れていくことを体験するので、さびしさや不安を感じてふたたび母親との一体感を味わいたいという気持ちが起きる。それが甘えのもとであると考えられている。

だから「play the baby」はまさに文字どおりなのであって、甘えとはもともとたしかに赤ん坊のような気持ちなのである。須佐之男命が「母の国に行きたい」といって泣き暮らしたのは、文字どおり「play the baby」である。先にあげた例文でいえば、日本人の夫が妻をあたかも母親であるかのように感じてべたべたしたがり、愛情や一体感を求めたりするのも、客観的に見ればたしかに「play the baby」ということである。だから、それを文字どおりに受けとる西欧人には、子どもならまだしもおとながそんなふうになっているのはおかしいと判断される。しかし日本語にはそういうもともとの意味をオブラートでくるんでしまう甘えという語があるから、日本人は「夫が妻に甘えている」といって、ごくありふれたことに感じることができるのである。

そういうふうにわれわれ日本人は甘えになれ親しんでいるから、親子やカップルのあいだにとどまらず、広い範囲のさまざまなシチュエーションで他者に甘えることにほとんど抵抗を感じないし、逆に他者の甘えを敏感に感じとることは大切なことだと考えられている。しかし、欧米人にとってはそれは常軌を逸した心理であると受けとられるのがふつうなのである。

須佐之男命というめずらしい神を生んだのはそういう日本人の心なのである。須佐之男命の気持ちがわかるのは、われわれ日本人の心に彼と共通するところがあるからである。われわれの心には彼と同じ甘えが宿っていて、ときにはそれがもとで荒ぶることもある。甘えたいのに甘えられないとひねくれてしまい、その相手についいやがらせや意地悪をしてしまうようなことは、日本人ならだれしも身に覚えがあるだろう。そういう意味では、われわれ日本人みんなの心の中に須佐之男命が宿っていると考えてもまちがいとはいえない。

第二章　ヤクザの生き方とその深層

本章では、筆者自身が取材をとおして知ったヤクザの人々の生き方と心の深層を、須佐之男命《スサノオノミコト》のそれと見くらべていきたい。

1　荒ぶった理由

語られない側面

ヤクザはふつう、自分の子どものころのことや、実の両親や家族との関係についてはあまり語りたがらない。

彼らはたいてい不良少年だった経歴を持っているものだが、それについては、「ちょっとやんちゃをしていた」と軽くふれる程度で、なぜグレたのかということを具体的に説明するようなことはほとんどない。そのあとヤクザ社会に入ったのも「あくまでも自分の意志で」であり、「すばらしい親分や兄貴分との出会い」がそのきっかけになったというのが一般的である。ヤクザになるには家を出るのがふつうだから、じっさいには家庭内でいろいろあったのではないかと想像されるのだが、そういうことについては、彼らはほとんど固く口を閉ざしている。

なぜそうなるのかというと、ヤクザ社会では、ヤクザというのは自分の意志でなるものだとされているからだと思われる。だから、胸の奥でどう思っているかは別として、自分は何か外側の事情に流されて、あるいはだれかのせいで、ヤクザになるほかはなかったなどと公言するヤクザはまずいない。そういう考え方から、親だの家庭環境だのということはまったく関係ない、話すようなことは何もないということになるわけである。

そのほかにもいろいろ理由はあるのだろうが、要するにヤクザがあまりふれたくない話題の一つが家族関係や子ども時代のことなのである。

ホンネの弾丸

しかし、いろんなタイプの人間がいるということもヤクザ社会の特徴の一つで、たまにはそういうことを語ってくれる人がいないでもない。

山陽道を本拠とするある団体の最高幹部の一人であるA氏がその一人である。彼は取材のなかで自分の家族や子ども時代について、くわしい話を聞かせてくれた。

A氏の父親は警察官で、警察学校の教官だった。住まいは警察の敷地のなかにある官舎で環境は申しぶんなく、暮らしむきもわるくはなかった。そのA氏が、自分が不良少年になったいきさつを次のように述べている。

警察官の父親は、少年の私の目から見ると世間体ばかり気にしてどうしようもないような存在でした。たとえば、私が夜遅く鼻歌でも歌いながら帰宅したりすると、「こんなに遅く帰ってきて、隣近所に不良だと思われるといかんから、遅くなったときはソッと忍び足で帰ってこい」そういうことをいうんですよ。ドロボーじゃあるまいし、自分の家にぬき足さし足で帰るいわれはないと、純粋な少年は思いますからね。私はそういう父親に反発を覚えてました。しかも、警察学校の教官の息子ということで、周囲に特別視されてましたからね。私はそれもまたたまらなくイヤで、これでもかこれでもかとわるさを重ねるわけですよ。別に父親がわるかったわけじゃない。それは子ども心にもわかってました。父親を中心にして張りめぐらされた世の中の偽善の壁に向かって、これでもかこれでもかとホンネの弾丸をぶつけて破壊してるようなことだったかもしれないですね。(筆者自身が取材構成した実話誌『実話時代』のトーク記事から引用)

少年時代のA氏にとって偽善的だと感じられたのは父親だけではなかった。彼が中学三年のときに担任だったXという社会科の教師は、やさしくていい先生だというので生徒たちに好かれていた。自分にもやさしくしてくれたので彼はXが好きになり、それまではあまり勉強しなかったからだいたいオール3の成績だったのだが、試験の前に社会科だけを一生懸命、勉強していい成績をとり、Xに気に入られようとした。試験はほとんどできて、彼はXに呼びだされた。きっとほめられるのだろうと思って喜んで行ってみると、

彼は手もとの私の答案と私の顔を交互に見ながら、

「おい、おまえ、カンニングしたんじゃないのか?」

と、そういったんです。目の前が一瞬カッと赤くなったような気がしました。

「そんなら、もう一回テストしてみたらどうですか?」

そういい返して精一杯つっぱりましたが、心の中は真っ暗でした。「先生はみんな偽善者だ!」と、胸の中で叫びながら帰りましたよ。私がヤクザになったのはもちろん自分の意志ですが、こういう教師とめぐりあえたおかげでもあるでしょう。


父親も先生も子どもにとっては尊敬されるはずのおとなであるが、A氏自身は、自分が荒ぶった理由の一つはそういうおとなに偽善を感じとったことだったと考えているのである。

そして、じつをいうとカタギ社会にたいして否定的な見方をするのは、ヤクザに共通する特徴の一つである。彼らの話を聞いていると、カタギ社会の権威ある人々への不信が述べられることがとくに多い。政治家は何をやっているかわからないし、官僚は堕落しているし、実業家はみん

なカネの亡者である。教育者は子どもたちに亡国思想を植えつけて日本をダメにしてしまった。おかげで今の世の中には義理も人情もない。そういうカタギ社会にいやけがさして、ほんとうの生き方がしたくて自分はヤクザになったのだというような話を、私はいたるところで聞いてきた。

だから、A氏の話はおそらく多くのヤクザに共感されるはずなのである。ヤクザはふつうA氏のようにじつの父親や自分自身の中学の先生にたいする反発を打ち明けたりはしないのだが、心の中には同じような個人的な体験を秘めているからこそ、カタギ社会の権威ある人々にたいして否定的な見方をするのではないかと想像される。

しかし、だからといってヤクザを取り巻くカタギの人々だけがとくにわるいなどとはいえないだろう。それはA氏のケースを見ればあきらかで、客観的に見れば世の中の父親の多くは彼の父親と似たようなものだろうし、Xのような教師もとくにめずらしくはないだろう。同じくらい偽善的なおとなに囲まれて育つ少年はいくらでもいるだろうが、そういう少年がみんな、荒ぶってしまうわけではない。

そう考えると、少年時代のA氏はなぜそんなにまわりのおとなの偽善にこだわり、心を荒ぶらせたのだろうかという疑問がわいてくる。そしてそれは、ヤクザはなぜカタギ社会の権威ある人々に反発するのかという疑問へと広がってくるのである。

反抗の底にある甘え

警察学校の教官だった彼の父親はしらずしらず、ふつうよりも道徳に厳しく、善悪ということにこだわって子どもを育てたかもしれない。少年の心はそれをすなおに受けとめて育ったろう。やがて自我が芽生え、それまでにつちかわれた善悪に敏感な目で父親や教師の実態を見はじめたとき、偽善というものがふつうよりもくっきりと目に映ったということはあるかもしれない。だが、それだけでは、「これでもかこれでもかとわるさを重ねる」「これでもかこれでもかとホンネの弾丸をぶつけて破壊する」という荒ぶり方のはげしさはちょっと理解できそうにない。

そこで思い出されるのが、須佐之男命がグレたいきさつであり、その原因となった甘えの気持ちなのである。

A氏が父親に反発を覚えてわるさをはじめる前に、父親にたいしてどんな気持ちを持っていたかということについては想像するほかはない。A氏は母親についてはほとんど語っていないから、母親にたいする気持ちは何もわからない。しかし、父親と並べられているX先生にたいする気持ちの方はハッキリ語られている。

A氏が、やさしくしてくれるX先生が好きになって気に入られたいと思ったというのは愛されたいと思ったということで、いいかえれば甘えたかったのである。それが邪推によって踏みにじられ、はげしい怒りがわき起こったというのは、須佐之男命が姉の天照大御神《アマテラスオオミカミ》に甘えたかった気持ちを邪推によって踏みにじられ、荒ぶったのと同じである。「先生はみんな偽善者だ!」と思ったのは善悪に敏感だったA氏の受けとり方であって、もっと深いところでは甘えたかった気持ちを踏みにじられ、やさしくしてもらえなかったことに傷ついて怒っているのだということはあきらかだろう。

推測ではあるが、おそらく父親にたいする反抗もそれと同じ理由だったろうと思われる。父親と先生というのは子どもの心の中では同一視されやすいものだから、両方にたいして同じ反発を感じたというなら、その底にはやはり同じ甘えたい気持ちがあったと考えるのが自然だろう。

中学生の年代の子どもの反抗には、「反抗期だから」という説明の仕方もある。しかし、反抗期というのは自我ができてくるにつれて自立を求める気持ちが高まることによって、それまで頼っていた親に反発しやすくなる時期をいうのである。そういうときに子どもの心の中で何が起きているかというと、まだ甘えていたいという気持ちと、ひとり立ちしたいという気持ちが争っているのである。つまり甘えたくても甘えられないという葛藤を自分自身の心の中で作ってしまっているわけだから、根っこのところにあるのはやはり甘えである。だから、かりに反抗期だとしても、A氏の父親にたいする反抗もまた須佐之男命の場合と同じように裏返された甘えによるものだろうと考えることができる。

トラウマとトレーナー

もう一つの例を見てみよう。

B氏は、関東のある博徒系の広域団体において重要なポストについているヤクザである。非常に優秀な努力家で、私が取材をして話を聞いたときはまだ三十代の前半だったが、ヤクザの世界では異例の出世をとげていて、そのときすでに親分と呼ばれる身分だった。

そのB氏は実の家族については何も語らなかったが、少年時代の体験とヤクザの世界に入ったきっかけについて次のような内容の話を聞かせてくれた。


中学生のころ、私は好きだった女の子と下駄箱のところで出会って、そのままいっしょに帰りたかったのですが、そこで上ばきを靴にはきかえることができなかったんですよ。家が貧しくて靴下が買えないので、いつも穴だらけのボロボロの靴下をはいていたからです。彼女の目にそれをさらすことは死んでもイヤだったから、「用があるのを思い出した」といって彼女を見送りました。

高校は二年で中退しました。地元の暴走族に入っていましたが、もちろんバイクなんか買えなかったし車の免許も取れませんでした。だから仲間といっしょには走らないで、トラブルが起きると手製の刀を持ってケンカをしに行くのが役目でしたね。

そういう私がヤクザの世界に入ったのは、一枚のトレーナーがきっかけだったんです。

私はいつもTシャツの上に学生服を着て、ポケットのまわりが手あかでテカテカになったズボンをはいてました。着るものはそれ一着しかなかったんです。そんな私には、ダブルのジャケットとビシッと折り目のついた真っ白なズボンに身を包んだ地元のヤクザがまぶしく見えてましたが、ある日、そのヤクザが私にトレーナーを一枚、買ってくれて、「うちへ来ないか」と誘ってくれたんです。

その誘いにのって十八歳でヤクザの世界に入って、それからは、「のぼってのぼってのぼりつめて、いっぱしの男になって、好き放題のぜいたくを味わってから死にたい」。それだけを念じて過ごしました。

何年間かの修業時代をすごして、時間にもカネにも少しは自由がきくようになって、ふと振りかえると、自分には青春がなかったことに気がつきました。子どものころから貧しかったし、ヤクザになってからはひたすら厳しい修業に耐えてきましたからね。そこで、女におぼれました。いわゆる女ボケというやつで、稼業がおろそかになってね。だから心を入れ替えてまたいっそう邁進しました。

私はもともと群れるタイプじゃなかったんです。海へ遠足に行って自由時間になるとスッとみんなから離れて海岸をひとりでブラブラしたり、岩の上に寝そべって海を見ていたりするような少年だったんですよ。不良にあこがれていたわけでもなくて、少年時代に描いていた夢はボリビアに留学することや警察官になることでした。それが不良になって、ヤクザの世界に入ったのは運命のいたずらだったと私自身は受けとめています。（筆者自身が取材構成した『実話時代BULL』誌の記事をもとに再構成）

ヤクザになった理由を「自分の意志」ではなく、「運命のいたずら」と受けとめているのは非常にめずらしいことなのだが、これを注意深く読むと、B氏の運命を大きく左右させたのは貧しさだったのではないかと思われる。

昭和五十年代の日本の話だから、それはもちろん飢えることがいちばんの問題であるような貧しさではなかったろう。B氏を苦しめたのは豊かな社会のなかでの貧しさであり、つまりは貧富の差である。

そういう貧しさが人の心を苦しめるのは、欲しいものが買えなかったり、したいことができなかったりする欲求不満だけではない。彼をもっと苦しめたのは、好きな女の子の前で上ばきを靴にはきかえることができなかったことだろう。つまり、まわりとくらべて自分が貧しいことの恥ずかしさや屈辱感や、対等に人とつきあうことができない疎外感に敏感な心を傷つけられたのである。ひと言でいえば貧しかったために豊かな社会からトラウマ（心の傷）を受けたということだろう。

トラウマを受けた相手にたいしては、人は根深い反感や憎しみをいだくものである。つまり彼は少年時代に家が貧しかったためにトラウマを受け、そこからカタギ社会にたいする反抗が芽生え、それが彼を不良化へと向かわせた。貧しい不良の彼の前に羽振りのいいヤクザがあらわれ、一枚のトレーナーを買ってくれた。彼は豊かになることを夢みて迷うことなくヤクザの道へと入っていった――B氏がヤクザになった理由は一応、そう説明できるのである。

トレーナーの意味するもの

しかし、そう説明してもまだ疑問が残っている。貧しさのために社会からトラウマを受ける少年は少なくないはずだが、そういう少年たちの多くが不良になるとは思われない。逆に子どものころに家が貧しくてつらい思いをした人間がそれをバネに努力してカタギ社会で成功するという例さえあるが、B氏の場合、なぜそうはならずにヤクザになったのだろうか。

子どものころの貧しさがかえってバネになってカタギ社会で成功した例といえば、たとえば野口英世が広く知られている。彼もまた貧しさのゆえにトラウマを受けていたにちがいないが、ヤクザにはならなかった。それはなぜだったのだろうか。

B氏の場合とくらべてあきらかにちがうと思われるのは、野口英世の場合、たしかに貧しいためにつらい思いをしたろうが、一方で周囲の人々からあたたかい援助の手を差しのべられ、将来への希望を与えられる面もあったということである。だから彼は貧しさそのものを憎むことはあったかもしれないが、カタギ社会を憎む理由はなかった。カタギ社会に受け入れられていると感じて、カタギ社会のなかで努力して生きていくことができた。彼の努力と成功には、自分を支えてくれた人々のあたたかい気持ちに応えようとする面もあったにちがいない。

一方のB氏は少年時代のにがい思い出を語ってはいるが、子どものころに家族や身近な人々との関係がどうだったかについては何も語っていない。その点ではほかのほとんどのヤクザの人々と同じである。そもそもA氏のようにじつの父親との関係をくわしく語るようなヤクザはきわめてまれな例外なのである。

なぜ語らないのかということについては本章のはじめでもA氏のところでもすこしふれたが、不良化して家を出ていくような子はたいていい親といい関係ではいられないから、語りたくなるようなできごとはあまりないのだろうと想像される。ほかにも理由はあるかもしれないが、できればふれずにおきたい、心の中に秘めておきたいという気持ちがあるのではないか。もちろん例外はあるだろうが、ヤクザの子どものころの親子関係は、だいたいにおいてあまり幸せなものではないだろうと考えて大きなまちがいはないと思うのである。

つまりB氏にとってカタギ社会は、自分を傷つけることばかりが多く、あたたかく手を差しのべて将来への希望を与えてくれるようなものではなかったのだろう。客観的にどうだったかは別として、少なくともB氏にはそう感じられたのではないか。いいかえれば、B氏は身近な人間関係において甘えたくても甘えられない状態にあったのではないかということになる。穴だらけのボロボロの靴下というのは物質的な貧しさだけではなく、同時に彼を細やかな気持ちで見守っていてくれる人がいなかったという心理的な貧しさをあらわしているようにも思われるのである。

ヤクザになり、時間とカネが自由になったときにまず「女におぼれた」ということからも、心の深いところで彼がいちばん求めていたものは母性的なやさしさだったのではないかと想像される。

そう考えれば、ヤクザに一枚のトレーナーをもらったということも、B氏にとってはたんに新品のいい服をもらったというだけのことではなかったろう。B氏にとってそのトレーナーは「もの」である以上に「心」であって、それには野口英世が周囲の人々にあたたかい援助の手を差しのべられ、将来への希望を与えられたことと同じ意味が含まれていたろう。それを着ることで彼は自分と同類の不良の先輩のあたたかい心に包まれることができたのであり、それが彼をヤクザの世界へ入っていこうとする気持ちにさせたのではないかと考えられる。

ヤクザになる若者の家がすべて貧しいわけではないことはA氏の例を見てもあきらかである。逆にかなり経済的に恵まれていることもあるし、いわゆる名士の家庭に生まれ育ったヤクザもいる。だから、じつは貧しさだけがB氏をグレさせ、ヤクザの世界へと向かわせたわけではないのである。貧しさゆえにトラウマを受けた少年がどうなるかは、その少年がどういう人々とどういう関わりを持つかにかかっているだろう。B氏にあたたかさと希望を与えてくれたのはカタギ社会の人間ではなくヤクザだった。彼がヤクザの世界へと歩み入ったいちばんの理由はそこにあったのではないか。そしてそうなったのは深いところに甘えたくても甘えられず、愛情に飢えた気持ちがあったからではないかと思われる。

そういうことが、ヤクザになる若者たちの広い範囲に共通していえるかもしれない。彼らにとってカタギ社会はあたたかいものでも希望を与えてくれるものでもない。そのために彼らは荒ぶってしまうのだが、そういう彼らをあたたかく迎え入れ、愛情に飢えた心を深いところで満たしてくれるのがヤクザなのである。

そういうわけで、一見いろんなケースがあるように見えるが、荒ぶってヤクザの世界に入っていく多くの若者たちの心の深いところには、甘えたくても甘えられなかったために荒れすさんだ須佐之男命と同じ気持ちが共通してひそんでいると考えられるのである。

2 「ヤクザなるもの」という広いすそ野

甘えによる心のトラブル

日本人の場合、若者の荒ぶり（暴力）が甘えに根ざしていることが多いというのは、じつは長いあいだ心理カウンセリングにたずさわってきた私の実感でもある。A氏と同じように荒ぶって非行や家庭内暴力に走っているほとんどの若者たちの心の中には「裏返された甘え」――つまり、ほんとうは甘えていたいのだが何かの事情でそれができないために甘えが反抗にひるがえってしまっている気持ちがひそんでいることを、私はいやというほど見てきた。そういう若者たちは、その裏返された甘えをいだいている相手（たいていは親）にたいして、これでもかこれでもかと、相手がへとへとになって寝こんでしまったりするまで反抗をぶつけてくる。

私はここでカウンセリングのそういう実例を紹介しようとは思わないが、たとえば穂積隆信の『積木くずし』を知っている読者なら、私がどういうことをいっているかがわかってもらえると思う。『積木くずし』の少女・由香里もまたそういう荒ぶり方をしていた子どもの一人だろうが、彼女のような少年少女は心理カウンセリングの世界ではとくにめずらしくはない。むしろごくありふれた存在なのである。

非行や暴力ばかりでなく、たとえば病院の神経科でパニック症候群やヒステリー反応や人格障害と診断されている若い人々の場合にも、よくよく話を聞いて分析してみると、心の深いところには裏返された甘えがひそんでいることが多い。彼らは自分自身では自覚せずに、甘えたくても甘えられないためにひそかに反感を持っている相手をとことん困らせてしまう。直接、相手を攻撃するわけではないのだが、そのかわりに自分自身にさまざまな障害や問題をひき起こすことでまわりの人々をふりまわし、疲労困憊させてしまう。そういうケースでは結局のところ自分自身にトラブルを作りだし、まわりの人々の注意や関心をひとり占めすることで甘えを満たしているのではないかと考えられなくもないのである。

日本人の神経症の多くが甘えに根ざしているという土居健郎の指摘は、決してまちがいではないと私には思われる。

小さな荒ぶり

そこまできわだった荒ぶり方をする若者はごく一部にすぎないだろうが、もっと小さなものなら日本人のおそらくだれもが体験しているだろう。

そういう例は文学作品にもいたるところに見受けられるが、たとえば志賀直哉の『或る朝』は、そういう感情を題材として書かれた作品である。直哉自身が「自分の処女作」と位置づけているその作品を、ここで紹介しておこう。

主人公の信太郎は祖母と暮らしていて、二人は「並んで寝ている」という関係である。翌日は祖父の三回忌だから早く眠るようにと祖母にいわれるが、信太郎は寝床で小説を読んでいて眠るのが遅くなる。

翌朝、信太郎は祖母に何度も起こされる。彼は返事をしてすぐにも起きそうなようすは見せるが、いっこうに起きようとしない。祖母にしつこくせかされると腹をたて、「わきへ来てぐずぐずいうから起きられなくなるんだ」と口応えをする。祖母は、「あまのじゃく!」と怒って出ていく。

信太郎はもう眠くはなくなっていて、起きてもいいと思っているのだが、祖母に起きろ起きろといわれたので起きにくい。目を開いて横になったまま、もう少しこうしていて起こしにこなかったら、それに免じて起きてやろうと思っている。

そこへまた祖母が入ってきたので、信太郎は起きられなくなる。「どうしてこうやくざだか」とため息をつく祖母に口応えをし、祖母が敷布団をたたもうとして息をはずませても、わざと無視して手伝おうとしない。怒りだして「不孝者」という祖母に、「年寄りのいいなりになるのが孝行なら、そんな孝行はまっぴらだ」といいかえす。祖母はかっとなり、たたみかけの布団を放りだすと、涙をふきながらはげしく唐紙を開けたてして出ていく。

信太郎はむっとしながら起きだして、着がえながら、「あしたから諏訪へ氷滑りに行ってやろう。このまえ学生が三人、落ちて死んだことを祖母は知っているから、自分が行っているあいだ心配するだろう」と考える。

そこへまた祖母が入ってくる。祖母は押し入れから、信太郎が買ってきたやくざな筆を取りだし、「お坊さんにお塔婆を書いてもらうのに、これでどうだろう」と、わざと何事もなかったような顔でいう。信太郎が、「そんな細いのではだめだ」というと、祖母はすなおにそれに従って、その筆をていねいにまたもとのところへしまって出ていく。

信太郎は急におかしくなって、旅行もやめだと思う。彼は笑いながら自分の布団をたたみ、祖母のもたたんでいるうちに、泣きたいような気持ちが起こって、自然にポロポロ涙が流れでてくる。布団を押し入れに押しこむと、まもなく涙は止まって、彼は胸のすがすがしさを感じた。

『或る朝』はそういう話である。

信太郎の心に祖母にたいする非常に強い甘えが宿っていることはあきらかだろう。その甘えは、祖母に起こしてもらっているにもかかわらず、「起こしにこなかったら、それに免じて起きてやろう」などと思うほどに強い。しかしその一方で彼は、子どもではないから年寄りのいいなりにはなりたくないと思っている。そのくらいの自我はあるのですなおには甘えられず、ひねくれてあまのじゃくになってしまっているのである。

そういう気持ちで彼は祖母を攻撃する。わざわざ危険なところへ旅行に出かけて心配させてやろうというのだから、それはいやがらせのようなものである。

しかし、もともとの気持ちが甘えだから、祖母が折れるのを見るとうっぷんが晴れ、ひねくれた気持ちがほどけてすなおな気持ちに戻った。彼が泣いたのは祖母にも自分自身にもあわれを感じたからだろうが、それで心がさっぱりして胸のすがすがしさを感じたのである。

そういうわけで、この話に描かれているのは裏返された甘えによる小さな荒ぶりである。そして、信太郎と同じような気持ちでだれかにこの程度のことをしたことがあるかときかれれば、おそらくほとんどの日本人がイエスと答えなければならないはずである。甘えというのはむずかしい感情で、とかくこうしたいさかいを起こしがちであり、甘えをたっぷりたたえた日本人の心は、ことあるごとにそれを体験するようにできている。

荒ぶって非行や家庭内暴力に走っている若者たちの場合は、それを大規模にはげしく体験している。これでもかこれでもかとわるさを重ねたというA氏の反抗はその典型だろうが、古代の若者たちにもそういうことがあったからこそ、天照大御神に乱暴狼藉をはたらいた須佐之男命の話が『古事記』に出てくるのだろう。

つまり、程度のちがいはあっても日本人はみんな、須佐之男命と同じような気持ちで荒ぶることがあるのである。そういう意味で、われわれ日本人は多かれ少なかれ須佐之男命のようだといってもいいだろう。信太郎の祖母を、「どうしてこうやくざだか」となげかせるようなヤクザな心をわれわれ日本人はみんな持っていて、なかでもそういう気持ちがとくに突出してあらわれている人々が現実のヤクザなのではないかと思う。そして、序章で述べたように日本人は少なからずヤクザ好きであり、俠気や任俠心というものに深いところから心をゆさぶられて、それが日本文化のなかに独特の一領域を形づくっている。そういうことを観察すると、私は日本人の集合的無意識のなかに「ヤクザなるもの」という原型が存在すると考えずにはいられないのである。

3 清く明き心のアウトローたち

胸を張るアウトローたち

ヤクザを善悪のモノサシではかろうとすると、とたんにわけがわからなくなる。

世間一般の人々、とくに昔のヤクザを知らない若い世代の人々にとっては、ヤクザは暴力団にほかならないだろう。そんなまがまがしい名称で呼ばれるものがよいものだとはもちろん考えにくいだろうし、その暴力団の活動として報道されて耳に入ってくるのは、決まって一般人が眉をひそめるような犯罪や悪事ばかりである。抗争による殺人、覚醒剤などの薬物の密売、脅迫による地上げや悪質なヤミ金融、それに最近では振り込め詐欺や強盗団まであらわれている。そんなことをしていると聞けば、よいイメージのかけらも持てるはずがない。名前のとおりに非常にわるいものだと思うほかはなく、「ヤクザは反社会的勢力だ」といわれれば、たしかにそのとおりだとだれしも思うだろう。

しかし一方で、すこし上の世代の日本人なら「強きをくじき弱きを助ける」任侠道や、義俠心にあふれる俠客というものを知っていて、ヤクザをそんなにわるいものだとは思っていなかったはずである。私は昭和二十五年の生まれだが、子どものころには清水次郎長や国定忠治はヒーローだと思っていたし、若いころには東映の任俠映画に感動させられた覚えもある。日本には昔からそういう種類のヤクザの人々がいて庶民に親しまれ、お上から十手をあずかっていた時代もあるのだということは私の世代の日本人ならだれでも知っている。ヤクザにすこしでも関心のある人なら美空ひばりと山口組三代目の田岡一雄組長の関係や、その田岡組長が神戸警察署の一日署長をつとめたというようなことも知っているはずである。

そういうことを知っている世代の人間は、俠客とも呼ばれていた昔のヤクザと今の暴力団のイメージがあまりにかけ離れていることにとまどわずにはいられないだろう。じっさい私自身がそうで、実話誌のライターとしての仕事をはじめたころには自分が俠客の取材に行っているのか、それとも暴力団の取材に行っているのか、自分でもわかりかねるところがあった。

そうなったのは、この五、六十年のあいだにヤクザが変わったか、ヤクザにたいする世間の見方が変わったか、あるいはその両方が変わったからだろう。それは重要な問題だが、それについてはあとの章（第五章）でくわしく見ていくことになるので、ここでは述べない。ただ要点だけをいえば、俠客かそれとも暴力団かという目で数多くのヤクザを見ていくと、実感としていろいろだと感じられたのである。どこからどう見ても生粋の俠客だろうと思われるヤクザもいたし、まちがいなく暴力団だろうと思われるヤクザもいた。そしてその中間には俠客の部分もあるし暴力団の部分もあるだろうと思われる人々もいて、それが圧倒的に数が多いように思われた。

そして、いずれにしてもじっさいにヤクザの人々に接してみてすぐにわかったことは、ほとんどのヤクザ自身は自分たちがわるものだとは思っていないということだった。ほとんどのといったのは、私が会ったことのないヤクザについてはわからないからである。たとえば現に振り込め詐欺をはたらいているヤクザもいるわけだが、そういう人々がはたしてどう思っているかはわからない。しかし、そういう人々はヤクザ社会のなかではたぶんごく一部にすぎないだろう。ワイロを取る官僚もいれば、淫行をおこなう教師もいる。どんな集団にも腐敗した部分はあってヤクザも例外ではあるまいが、少なくともヤクザ社会全体としては世間の目をはばかってコソコソするような意識は持っていない。それはワイロを取る官僚がいても官僚がみんな世間の目をはばかっているわけではないのと同じことだろうと思われる。

外側から見て俠客であれ暴力団であれ、ヤクザの人々は意外にもみんな堂々と胸を張って生きている。私はヤクザの人々と接するようになって、それをまず非常に強く感じさせられた。

俠客の意識

右に述べたようにヤクザの世界はここ五、六十年のあいだに大きく変わってきている。おそらくそれが影響しているのだろうと思われるが、ひと口にヤクザといってもさまざまで、みんながみんな同じ考え方を持っているわけではない。そのため、ヤクザの心理について考えていくにあたっては、まずどのあたりを考察の対象に選べばいいのかという問題が生じてくる。

とはいえ私がもくろんでいるのは深層心理の分析なので、どこを選びとるかによって結論がまったくちがってしまうという心配はあまりない。心というのは表面の方はいろいろ変わることがあっても、深いところはそんなに極端には変わらないものだからである。

それでもできるかぎりヤクザ本来の心がわかった方がいいに決まっているから、ここからしばらくのあいだは俠客、あるいは昔ながらのヤクザの生き方、考え方を保っていると思われる人々を対象に選んで分析を進めていきたい。数は少ないが今のヤクザの世界にもそういう人々がいないわけではないのである。大方の読者には、実態とかけ離れているという印象を持たれるかもしれないが、私が意図しているのはあくまでもヤクザ本来の深層心理をあきらかにすることである。だからまずは昔ながらの、できるだけ純粋な方に目を向けて、今の多くのヤクザの心がどうなっているかということについては第五章でまとめて見ていきたい。

そういうわけで、まずは俠客の声を聞いてみよう。

大阪の義信会・津村和磨会長（故人）は昔かたぎの俠客と呼ぶのがふさわしい人物で、生前は西日本の名媒酌人（儀式をとりおこなう人）としてヤクザ社会に名をはせていた。

私は一九九七年三月から一九九九年十二月にかけて、途中ですこしの中断はあったもののほとんど毎月、その津村会長のもとをおとずれて話を聞かせてもらった。そして、それをまとめたものが『実話時代ＢＵＬＬ』誌に『これがほんまの極道や！』と題するトーク記事として二十六回にわたたって連載された。

私は当時すでに実話誌のライターをはじめてから数年たっていたにもかかわらず、まだヤクザというのがなんなのかよくわからないありさまだったが、それがいくらかでもわかるようになったのは津村会長の話を聞いたおかげだったといっても過言ではない。彼の話は彼自身が戦前から数十年にわたってヤクザとして生きてきた体験に裏うちされていて、決して机上の空論などではないと感じられた。そしてそれは、私がそれまでヤクザについていだいていた疑問を解きあかしてくれて、私は目からうろこが落ちる思いがした。

本書ではその津村会長の話を参考として随所に引用させてもらうつもりであるが、まずヤクザの生き方については、彼は次のように説明している。

カタギはんと極道とどこがちがうかいうたら、カタギはんは宿命を受け入れて生きるが、極道は理想主義で生きる。そこがちごうてんねん。

血のつながりは宿命や。世の中にはりっぱな人間ばかりおらへんが、「どないなできそこないかて親は親や」と思うて、宿命を受け入れてしんぼうして生きる。親だけやない、できそこないのお上をふくめた世の中全体を受け入れて、そんなかで生きるのがカタギはんや。

しかしなかには、「わしはイヤや、宿命にさかろうてでも自分の思うように生きたろ」と思い立つ子もおって、どないするかいうたら出家するか家出するかのどっちかしかない。で、出家したんが坊さんで、家出したんが極道やねん。

わざわざ宿命にさかろうたろうというぐらいやから、坊さんも極道も本来、反体制の理想主義者や。そやろ？　世の中がカネ中心に動いてんのに、衆生救済やの任侠精神やのと現実ばなれしたことをとなえて生きてんのや。どっちも似たようなもんで、坊さんは仏はんの寺、極道は博奕のテラと、シノギの仕方がちいとちごうてるぐらいのもんやろ。

できそこないの世間の家を出て、見習うべき親をみずから選んで、理想をかかげて、一歩でもその理想に近づいて俠《おとこ》になったろうと思うて、一心に精進すんのが極道の生き方や。で、その理想はなにかいうたら、おのれの欲得を捨てて、スジのとおらん世の中でスジをとおして、できそこないのお上のもとで泣いてるカタギはんの世話やきをして生きることや。それがほんまの俠で、任俠道いうたらそれ以外になんもあらへん。（筆者自身が取材構成した『実話時代BULL』誌の記事『これがほんまの極道や！』をもとに再構成。以下、津村会長の引用はすべて同じ）

ヤクザは理想主義者だという津村会長の説に私はかなり驚いたが、よく考えると彼のいっていることはたしかにスジがとおっていると思いなおした。

ヤクザの多くはカタギ社会からなんらかのトラウマを受け、反抗して荒ぶったのである。そして、反抗する者は必ず自分の方が正しいと思っている。反抗というのは自分よりも強大な相手になんらかの理不尽を感じるところから起きるもので、自分の方がわるいと思っていてできることではない。A氏が「偽善者だ！」と叫ぶとき、彼は善の側に立っている。ヤクザがみんな堂々と胸を張って生きているのは、自分は正しいと思っているからである。

しかし、津村会長はつづけて次のようにもいった。

日陰もんの自覚が極道にとっては大事や。日陰もんというとイメージがわるいと思う人もおるやろけど、決してジメジメしたうしろめたい気持ちやない。おのれの罪と分際を自覚するということで、それがあるから極道や。「極道がなんで罪や。なんもわるいことはせえへんで。胸を張って往来のまんなかを歩いて何がわるいんや」というたらあかんねん。よう考えてみれば極道にもわるいことはなんぼでもある。そもそも、世の中に背を向けてまで、任俠道で生きるいうて家出してきたんはわるいことや。そいでご法度の博奕を稼業にして、カタギはんが稼いだカネを賭けごとに使わせてテラを取るんはもっとわるい。さらにまたいくらスジをとおすためやいうても、なんかあって人を傷つけるのはわるい。そないなもんが生きさせてもろてるんやから、身をつつしんで遠慮せなあかん。そやから日陰もんや。そないに考えることがなんで大事かというたら、そう考えなんだらスジがとおらんからや。

たしかにカタギの世界にもわるいことはなんぼでもある。わしらはそれにいやけがさして背を向けたぐらいやからな。法にふれんで、大いばりで弱いもんイジメがまかりとおるような世の中や。けどな、そやからわれらかて多少のことはかめへんと思うたら、スジもへったくれもあらへん。いやけがさしたカタギの世界のわるもんとおなじや。

スジをとおしてまっすぐに生きたろと思うた以上、極道はきれいに生きなあかんねん。そやけど人間でおるかぎりなんぼかわるいこともせんならん。そやからおのれはわるいと自覚する。それではじめてまっとうな人間や。

おのれはわるいと思うたら自然に腰が低うなる。いつまでもわるいままやったらしゃあない、すこしはよくなったろと思うから精進もするし、カタギはんに迷惑かけんように遠慮して、なにかあったら助けようという気持ちにもなる――それが日陰もんの気持ちで、極道が世間のなかで今まで生き延びてこられたんは、そないな謙虚さがあったからや。

任侠道の思想は世間で栄華をきわめるための成功哲学やないで。そないなもんとは正反対の「道」や。道やから精進して歩んで、人間としての理想を追究する。任侠道の理想はおのれを捨てて侠気に殉ずるということや。それをめざして精進してこそ極道やねん。

要するに、理想主義者であるからには罪の意識を忘れないようにして謙虚に精進しなければならないというのである。宗教的ともいえる考え方だが、じっさいに津村会長にとってはヤクザは任侠道を生きる者で、任侠道はすなわち宗教なのである。

こういうことは口ではいくらでもいえるから、やっていることと一致しないこともあるかもしれない。しかし津村会長の場合はそうではなかった。彼はほんとうに腰の低い人で、暮らしぶりは質素そのものだったし、近隣のカタギの人々からも信頼を集めていて、たしかにそういう思想で生きていることが実感された。彼は若いころには法にふれることもして何度も逮捕されて裁判を受け、有罪判決を出されたが、そのすべてに執行猶予がついて、服役したことは一度もなかった。法にはふれていてもスジがとおっていたから、裁判官も情状を酌量しないわけにはいかなかったというのである。

もちろん津村会長のような人は当時のヤクザ社会でもかなり少数派であり、ヤクザの人々がみんな彼のようだったというわけではない。あとで紹介することになるが、津村会長自身が、今のヤクザはほとんど暴力団になってしまっていると嘆いていたのである。しかし、一方で津村会長は西日本のヤクザの人々から名媒酌人として尊重され、儀式の媒酌を数多く依頼されてきた。彼がヤクザ社会から粗略にされなかったこともたしかなのである。

「指定暴力団」会長の意識

津村会長のような侠客はごく特殊な例外で、ほかのもっと現実的なヤクザはまったく別の考え方を持っているかというと、決してそうとはいいきれない。

C会は暴対法（「暴力団員による不当な行為の防止等に関する法律」いわゆる「暴力団対策法」）が適用される「指定暴力団」であり、東京を本拠として一都一道八県に約千四百人（当時）の構成員を擁していた大組織である。私はかつてそのC会を率いていたD氏（故人）に何度か会って話を聞いたことがある。

それだけの大組織を率いていたのだから、D氏が現実的なヤクザだったことはいうまでもあるまい。しかし、彼もまた戦前からヤクザの世界で生きてきた人で、津村会長ほど徹底したものではないにしてもやはり侠客の意識の持ち主であるように感じられた。話の内容をまとめたものは『実話時代ＢＵＬＬ』にトーク記事として掲載されたが、彼はそのなかで次のように語っている。

辞書を引いてみると、「何の役にもたたない、取り得のない者をヤクザという」というようなことも書いてある。ヤクザにはそういう部分がないわけじゃないんだろうけど、決してそれだけでもないいんだよ。

私は、渡世の世界とかヤクザとかいうものは、日本の文化の一つだと思ってるんだ。たしかにヤクザはさほど上等なものではないが、そもそも文化というのはいいものばかりでもないんだからね。ヤクザの世界というのは六百年から七百年の歴史を持っていて、もちろん全部が全部ではないが、そのなかにはきれいなところもあればすばらしいところもある。

任侠というのはそんなに大げさなことじゃない、ただ情をもって弱い者をいたわるということなんだよ。そういう心がまず基本にあって、その上に義理と人情がある。私らの年代の者はそういう世界が好きで、夢を求めてこの世界に入ったんだ。そこには男のロマンというものがあって、そういうものにあこがれる気持ちが強かった。

侠客だって霞を食ってては生きられないから御法度の博奕をシノギにしてテラ銭をもらって生活してたんだが、民衆の側からいえば博奕はそんなにわるいもんじゃない。いくら働き者でも、年中あくせく働いているばかりじゃ息がつまってしまう。たまには手なぐさみでもしたいが、御法度だからおおっぴらにやるわけにもいかない。それで、侠客がそういう汚れ役も引きうけて、渡世をしてたということなんだ。

なんでテラ銭といったかというと、もともとはお寺や神社で博奕をやったからなんだよ。当時、寺社は寺社奉行の管轄で、町方を取り締まる町奉行は踏みこめなかった。それで、寺社奉行と結託して、もちろん住職や神主とも話をつけたうえで寺社のなかに賭場をたてたんだな。

博徒というのはそうやって、いってみれば神仏のご加護で渡世をしてたようなもんだから、よいものだとはいえないまでもそんなにわるいもんじゃなかった。しかもそれは世をわたる仮の姿で、博徒の本領はあくまでも弱きを助けて強きをくじく侠客としての生き方だったんだ。(筆者自身が取材構成した『実話時代BULL』誌のトーク記事をもとに再構成。以下、D氏の引用はすべて同じ)

Ｃ会の会長だったＤ氏は、ひと昔前のヤクザ社会を代表する人物の一人だったと考えてもよいだろう。だからヤクザについての右のような考えは、決して少数派の特殊な考えではないのである。

要するにヤクザ自身は、自分たちをわるものだとは思っていない。かりに外側から見れば暴力団だと思われたとしても、自分たちが暴力団だなどとは考えていない。それがヤクザの心の大きな特徴の一つであることはまちがいないのである。

ヤクザを支えてきた民族性

そして、津村会長やＤ氏が述べるような気持ちでヤクザが生きてこられたということは、裏を返せばカタギの人々がそういうヤクザを支持し、為政者も目こぼしをしていたということである。たしかに賭博を必要としていたのは博徒ではなくて民衆の方なのだから、Ｄ氏がいうように博徒はその需要に応えていただけだという見方ができる。為政者にもそれはわかっていたから、さすがに徹底的に取り締まることはできなかった。そこで目こぼしをするかわりに、凶悪な犯罪捜査の協力者としての役割を果たすように求めた。つまり博徒はカタギの人々とはもちつもたれつの関係を、為政者とはなれあいの関係を結ぶことで、社会のなかに生きる場所を得ていたのである。

だから、ヤクザにはもともとあきらかにアウトローとしての側面があったにもかかわらず、当のヤクザ自身はもちろん、為政者を含めたカタギ社会の人々もそれほどわるいものだとは思っていなかった。そして、それはおそらく賭博以外の面においても、ヤクザがそれほどわるいものではなかったからでもあるだろう。任俠道の理想や俠客としての生き方がどれほど実践されていたかはわからないが、少なくともカタギの人々に見放されるようなことはなかった。客観的に見ればヤクザには白いところもあれば黒いところもある。いわば善悪ないまぜの集団といえようが、少なくとも気持ちのうえでは「清く明《あか》き心」の持ち主だとみんなが思っていたのである。

そして、ヤクザにたいするそういう見方は、やはり日本人の民族性に根ざしていると思われる。西欧的な「法の精神」というようなものに照らせば、法治国家の町のなかにアウトロー集団が堂々と看板を出しているのは信じられないような光景だということになるだろう。西欧の合理主義の目で見れば、アウトローだが心がすがすがしいとか、法にはふれるがさほどわるくはない、などといういい方自体がおかしいのである。アウトローはアウトローで、ほかのことは関係がない。それは犯罪組織であるというのが合理主義の考え方で、だから西欧諸国にはマフィアやギャングなどという地下犯罪組織は存在するが、ヤクザのようなアウトロー集団がおおっぴらに存在するようなことはあり得ない。

しかし日本人はそういう見方はしてこなかった。

日本人のやさしさ、おおらかさが須佐之男命という荒ぶる神の心の中に「清く明き心」を見て大蛇退治の役割を与えたのだということは、前の章で述べた。日本人がヤクザをわるものとして抹殺せず、それなりの役割を与えて社会のなかに存続させてきたことについても、それと同じことがいえるだろう。ときには荒ぶってわるさをしたりする者でも、その心を見ればもっともだと感じられる部分もあって、理解できないわけではない。問題児ではあっても決して邪悪ではないのだから、この世で果たすべき役割があるはずだ——日本人の多くがそういう考え方をしなければ、ヤクザは存続できなかったろう。そして、日本人のそのおおらかさはやはり甘えを肯定する気持ちからきているのである。

4　任侠道という名の大蛇退治

ヤクザの本領

日本人の心の中に「ヤクザなるもの」という原型があり、その神格化が須佐之男命であると考えれば、ヤクザがこの世で果たすべき役割が何かということはおのずとあきらかになる。

須佐之男命の社会的使命は大蛇退治だった。甘えの強い母性的な心が持っている共感性の高さやなさけ深さ、荒ぶる心の勇猛果敢さなどが、彼をおのずと民を助けて邪悪なものをしりぞけるおこないへと向かわせた。彼はそうやって民の役にたつことで、あるべき自己像（＝アイデンティティ）を発見し、姉・天照大御神にも許されて、すがすがしい心境になれたということは前章で述べたとおりである。

それがそのままヤクザの社会的使命であると考えることができるだろう。

八俣の大蛇は邪悪なもののシンボルだが、それはいつの時代にもいろんなものに姿を変えてあらわれては民衆を苦しめる。困りはてた民衆の求めに応じてそれを退治するのがヤクザの本領だろう。ヤクザはそうやって邪悪なものをくじき弱者である民を助けることにあるべき自己像を見いだし、為政者にも許されてすがすがしい心境で生きることができるようになる。そして、そういう生き方が、昔からヤクザが信条としてきた任俠道だと考えると、須佐之男命とヤクザがぴったりと重なって見えてくるのである。

もちろん信条としてきたから全部が全部そのとおりのことをしてきたとはいえないだろうが、ヤクザが本来、任俠道という生き方をおろそかにしてこなかったことは、私は取材をとおして確かめることができた。そこで、それがじっさいにどのように実践されてきたかということを次に見ていきたいと思う。

焼け跡の自警団

明治以降でヤクザの存在価値がもっとも高まったのは終戦直後の混乱期だったろう。

当時、都市住民の生活を支えたのはテキヤが営むヤミ市だったが、そのヤミ市を中心とする盛り場には、敗戦国民である日本人と在日朝鮮人・台湾省民（いわゆる「第三国人」）のはげしい対立があった。

昭和二十年十一月、GHQから「在日朝鮮人・台湾省民をできるかぎり解放国民として処理する」という声明が出されると、それまで抑圧されていた植民地の人々は一転して戦勝国側の人間として日本人を見おろす立場に立った。それはやむを得ないことだったが、彼らの一部の不良グループは勝者として横暴にふるまいはじめた。

一等地を占領してしまったり日本人の権益を奪いとったりということが暴力を背景におこなわれ、それがスムーズにいかないと日本人の露店をこわしてしまうようなことも多かった。要するに民間レベルでの略奪がはじまったのである。戦勝国民の横暴に耐えることは敗戦国民の定めではあったが、どこかに歯どめがなければ奪われるだけ奪われ、盛り場が植民地化するばかりだった。

しかし戦勝国民の彼らは治外法権に守られていて、日本の警察はまったく手出しができなかった。権力の保護が得られない街は自衛するしかなく、その自警団の役割をはたしたのがヤミ市を仕切るテキヤ、焼け跡で縄張りを守る博徒、そしてグレン隊だった。彼らの戦争はむしろ終戦後にはじまったのである。

昭和二十一年一月、京都駅前で地元ヤクザと不良第三国人が抗争。
同年六月、新橋・渋谷で地元ヤクザと不良台湾省民が抗争（新橋・渋谷事件）。

昭和二十二年九月、北海道・津別で地元テキヤと不良第三国人が乱闘（津別事件）。
昭和二十三年四月、浜松で地元ヤクザと不良第三国人が乱闘（浜松事件）。

これらはもちろん氷山の一角で、この時代には全国各地でこうした大小の抗争事件が頻発していた。それはもちろん地元ヤクザが自分たちの権益を守るための戦いでもあったろうが、それだけだったというわけでもない。新橋と渋谷の事件においては、襲撃のうわさが流れて事態が緊迫すると、東京近辺のヤクザやグレン隊が稼業や立場のちがいをこえて多数、応援にかけつけたといわれる。日本のヤクザが結束して、邪悪な外敵に立ち向かったといえなくもないのである。

津村会長もまた若いころにそういう戦いを体験してきた一人である。彼は次のような話を聞かせてくれた。

終戦直後の盛り場では土地争いがよう起きたが、梅田の駅前でもそないなことがあってな。ヤミ市の跡地を日本人と第三国人でとりあいになったんや。もちろんそこはもともと日本人の土地やったが、第三国人は戦勝国民やから治外法権をふりかざしてゴリ押ししてくんのや。

わしのオヤジ（＝親分）の大野鶴吉はそんとき、両方から味方してくれと頼まれたんや。まず第三国人側がオヤジを呼び出して、目のまえに三千五百万の札束をつんだ。一万円札でも千円札でもない、百円札で三千五百万や。一万円札なら三十五億ぶんやさかい半端な量やないで。部屋の半分ぐらいが札束で埋まった感じやった。

ところがオヤジはその話をバーンと蹴ったんや。もともと日本人のものやった土地を外国人がゼニと力でわがものにしようというんはスジがとおらんいうてな。そいで手ぶらで頼みにきた日本人の方に味方した。当然、力の対決ということになってゴタゴタしたが、そんときわしも左腕の肘んとこを拳銃で撃たれてな、いまでも左腕がよう利かん。そないしてなんとかその土地を守りきって、あとで「お礼です」いうことで日本人側からもろたのが、たしか十二万五千円やった。

ゼニ勘定からいうたら話にもならへんが、極道が俠気を出したらだいたいそないなことになるもんや。そやけどオヤジが目の前で三千五百万をバーンと蹴っとばしたときにはわし、もうほんまにしびれたわ。「ああ、これが極道の心意気や、カッコええわ」思うてな。

大野親分のしたことが私利私欲を離れた、大蛇退治のような行為だったことはあきらかだろう。終戦直後の混乱期には治安が悪化し、不良外国人のみならずさまざまな邪悪なものがあらわれ出てカタギの人々を苦しめた。もしヤクザの本性が邪悪なものだったとしたら、その本性をあらわすのにこれほど好都合な時期はなかったはずである。しかしじっさいにはそうはならず、逆に大蛇退治のようなはたらきをする者が多数あらわれたという事実が、ヤクザの本領がどこにあるかを物語っているると考えてよいだろう。

カタギの用心棒

治安のわるい時期にヤクザがカタギの用心棒の役割をすすんではたしたという例はほかにも数多く見られる。それをすこし紹介しておこう。

津村会長は戦後しばらくしたころに、大阪のある大きなキャバレーの用心棒を頼まれたことがあるという。そのころの思い出を彼は次のように語った。

戦後の占領時代には治安がわるかったから盛り場に用心棒がぎょうさんおって、グレン隊も極道もそれをシノギにしてたもんやが、じつはわしもそのころは「富士」いうキャバレーの用心棒をやってたんや。

キャバレー富士は宗右衛門町にあったんやが、延べ面積が四千八百坪、従業員が一千三百人の日本一大きいキャバレーやった。もちろん客の数も日本一や。ふだんでも一日約三千人、土曜、日曜、祭日は昼間もダンスホールを営業したから、倍以上の六、七千人ぐらい入る。

朝鮮戦争帰りのアメリカ兵なんかは気持ちがすさんでたから、酔うとよくケンカをしたもんや。わしも若くて体格もよかったから、百キロもあるような黒人兵をポーンと放り投げたりするようなこともあってな。そのうち社長はんが、「きみはあんまりケンカせえへんけど、すると強いなあ」といいにきたもんや。

そないなところに勤めて、給料は月に二万やった。なぜかいうたら当時、わしんとこから富士までのタクシー代が二百四十円、帰りが深夜割増しで二百六十円、往復で一日五百円、交通費がかかったんや。「そやからそれに三十を掛けて月に一万五千円いただきます」、給料のことをきかれてわしがそないに申し出ると、「それじゃ半端だから」というて社長はんのほうで五千円足してくれはって、それで二万円やった。

どないなことかいうと、わしは極道で、極道はどこにおっても用心棒でおるんがあたりまえやから、それ以上もろたらあかんねん。べつに仕事をしてるわけやない、すんのがあたりまえのことをしてるだけやから交通費だけもろたんや。カネで雇われて警備の仕事をすんのはガードマンやが、わし、そないなものになった覚えはないさかいにな。

そういう考え方を持っていたのは津村会長だけではなかった。同じような話はほかにもある。以前、徳島に勝浦会という博徒の一門があった。勝浦隆司親分が大正十四年におこした一門で、地元のカタギの人々の評判が非常に高かった。私はその勝浦会の三代目本家総長・宇山雅司親分の話を聞いたことがある。

終戦直後に勝浦親分はある人物に跡目を譲ったが、その二代目がカタギの人を恐喝するという事件が起きると、

「土地のカタギさんと手をたずさえて生きるのがヤクザだ。こともあろうに恐喝するとは」と怒り、その二代目から跡目を取りあげて、再び当代に返り咲いた。

昭和二十二、三年、特攻隊から戻って勝浦会に入門したばかりの宇山総長は競輪場の警備を頼まれ、警備料の名目で給料をもらった。すると、それを知った勝浦親分は、

「警備料？　競輪場で何かあってカタギの衆が困っていたら、助けるのがあたりまえだ。カネをもらう筋合いのことではない！」

そういって怒り、給料はさっそく返上させられた。飲み屋やパチンコ屋からカスリ（＝用心棒代）を取っていることがわかっても即破門だったという。

つまり、勝浦親分にとっては用心棒という役割を果たすことはヤクザとして当然であって、それを職業の一つとするのはあり得ないことだったのである。職業は博徒であるが、そういう職業で世をわたらせてもらう以上は地元のカタギ社会にそれ相応の貢献をしなければならない。用心棒もその一つだという考え方だったという。

勝浦会は暴力団の指定は受けなかった。警察が徹底的に調査をしたが指定するに足る材料が見あたらず、逆に地元の人々に貢献したというような話ばかりが出てきた。公安の人間が指定にならなかったいきさつをわざわざ報告しにおとずれたという。

同じような例をもう一つだけ見ておこう。

勝浦会の宇山総長の兄弟分に、唐津を本部としていた西部連合・西山久雄総裁という親分がいて、私はその西山総裁の話も聞いたことがある。

彼がヤクザの世界に入ったいきさつは次のようなものだった。

西山総裁は東京の旧制中学に学んだが、昭和二十年三月の大空襲で全身に大やけどをおって唐津に戻り、終戦を迎えた。終戦直後の唐津は治安がわるかった。西山総裁は、戦争中は国を憂える軍国少年だったが、行き場のなくなった愛国心がおのずと郷土を思う気持ちに変わり、自警団としての活動がはじまった。報酬をもらってのことではなく、すべて無償の行為だったという。

町の人々から頼りにされるようになり、共鳴する仲間もできてきた昭和二十二年に不幸な事件が起きた。知り合いの男女二人が四人の不良に取り囲まれているところに通りかかり、声をかけると不良たちはドスを抜いて襲ってきた。戦っているうちにそのドスが逆に相手の腹に突き刺さって相手は死亡し、過剰防衛ととられて懲役三年の判決を受けた。

服役中にその刑が十三年に増えた。弱い者いじめの常習者と戦って、傷害で三年。さらにいじめられていた同房者をかばってボス格の受刑者と決闘し、相手が死亡したために傷害致死で七年。つまり西山総裁は傷害や傷害致死の罪を三度にわたっておかしたことになるが、そのどれもが人助けのためにやむなくおかした罪だった。そのため、最後の事件の裁判では刑務所の所長と保安課長がすすんで証人台に立って西山総裁の減刑を願い、情状が認められて十五年の求刑が七年にまで縮まったという。

仮釈放と恩赦が重なって、二十九年に出所した。

七年たっても唐津の治安はまだまだで、唐津の人々はパチンコ屋荒らし、タクシーのただ乗り、魚市場の盗みなどに頭を悩ませていた。だから戻ってきた西山総裁に次々と依頼が寄せられて、彼はふたたび用心棒としての活動をはじめた。ヤクザになる気は毛頭なかったというが、そういう西山総裁の俠気にひかれる若者があとについてくるようになって、子分にした覚えもない若者たちが彼の家に一人また一人と住みつきはじめた。若者たちの数が三十名をこえた昭和三十一年、もはやこれまでと思い定めて一家を立ちあげたのだという。

つまり、西山総裁の場合にはもともとヤクザだった者が用心棒の役割を果たしたというわけではない。任俠心のある若者が用心棒として活躍しているうちに、ごく自然のなりゆきでヤクザになっていったのである。西山総裁のこの例はヤクザがこの世に生まれ出るひな形の一つを示しているとも思われる。

いずれにしても任俠心や用心棒の役割がヤクザの本質にかかわるような要素だということは、以上のような例からじゅうぶんあきらかだろう。

須佐之男命の末裔

以上に述べてきたところから、ヤクザの心が須佐之男命の心と基本的に重なりあうことがたしかめられたことと思う。

両者はともに甘えたくても甘えられない気持ちが裏返されて心が荒ぶり、反抗する気持ちでわるさをして社会から追放される。須佐之男命は高天の原から追放されるのだが、ヤクザの場合は罪をおかして少年院や刑務所に入れられるのである。あるいはカタギ社会の不条理に腹をたて、自分から飛び出してヤクザ社会に入っていくことが追放にあたると考えてもよいだろう。

そういう点で彼らはともに社会にとっては厄介者にほかならないのだが、その心を見れば決して邪悪ではない。むしろ子どものように純真だからこそ反抗するのだし、甘えが強いということは裏返せば共感性が高く、なさけ深いということでもある。

甘えにたいしておおらかな日本人はそういう須佐之男命を、あるいはヤクザを社会から抹殺しようとはしなかった。彼らが用心棒あるいは自警団としての役割を果たすこととひきかえに社会のなかに居場所を与え、もちつもたれつの関係を保ってきたのである。

自警団あるいは用心棒のようなものがいつごろから日本社会にあらわれるようになったのかはわからない。しかし、『古事記』に須佐之男命の大蛇退治の話があるのだから、古代社会にそのモデルになるような者がいたことはたしかだろう。外敵の侵略にたいしては自衛するしかなかった古代の村々に、必要に応じてそういう役割を果たす者があらわれたと考えても不自然ではあるまい。

須佐之男命が用心棒の元祖だといえば奇抜に聞こえるかもしれないが、今まで見てきたようなヤクザのはたらきや心理は、大蛇退治の話とぴったり一致しているように思われる。そういうことから、須佐之男命の使命が大蛇退治だったように、ヤクザの使命は民衆の用心棒であり、その延長上に任俠道という思想ができてきたと考えてよいだろう。

邪悪なものと戦ってカタギの人々を守り助けるのが本来のヤクザの役割なのである。ヤクザはそういう役割を果たしてきたからこそ、アウトローの部分を持ちながら胸を張って社会の一隅で生きることができてきたのだと思われる。

第三章　ヤクザ社会の甘えの構造

ヤクザはもっとも日本人らしい日本人の心を持つ人々の集まりであり、ヤクザ社会は「甘えの集団」と呼ぶべき構造を持っている。本章では、筆者自身が取材をとおして見聞してきたヤクザ社会の特徴を分析することで、それを具体的に検証していく。

1　親子の関係

男が男に惚れる気持ち

ヤクザの世界は擬似家族制でできていて、いちばんの土台にあるのは親子の関係であるといわれる。それはたしかにそのとおりで、多少の例外はあるがヤクザはふつう親分から盃を受けて子分となってはじめてヤクザと認められる。親子の関係を持たないヤクザは原則としては一人もいないことになっている。

では、そのヤクザの親子関係とは心理的にはどのようなものなのだろうか。

それが本来どういうものであるかについては、津村会長がわかりやすく説明してくれているので、まずはそれを見ておきたい。

極道の基本にあんのは親分－子分の関係や。それはどないなもんかいうたら、なんも特別なことはあらへん。血のつながりのかわりに親子の盃をかわして、「親や」「子や」と親子の契りを結ぶだけやから、カタギはんの親子のまねごとやねん。正味、カタギはんの親子関係とたいして変わらへんのや。

しかしちがうところもある。どこがちがうかいうたら、じつの親子やったら子が親を選ぶことはでけへんが、極道の子は親を選ぶ、そこがちごうてんねん。

選ぶ基準はどれだけ理想に適うてるかや。おのれの理想に照らして、「えらいでけた人やなあ。この人についとったら自分もあないになれるかもしれへん」、そないに思うて、子分になりたいと思うんや。これ、正味、男が男に惚れるということやねん。

男に惚れられるんは器量の大きい男や。器量が大きいいうんはカネもうけがうまいということやないで。頭がきれる、ケンカが強い、気っ風がええいうようなこともちょっとは関係あるやろけど、本質的なことやない。ほんまの器量の大きさいうんは、どれだけおのれを捨てられるかということや。そやろ？　おのれなんてみんな欲が深うてちっちゃいもんや。それにこだわっとったら、親分として大勢の子分の面倒は見られへん。極道として庶民の世話をやいても生きられへん。長いもんに巻かれんで弱いもんの味方をするわけにもいかへんやろ。

そないして器量の大きい親分に惚れ、その親分を見習うて男を磨くんが極道やが、ええ加減やったらどないもならん。三下からはじめて長いこと磨いたつもりでも、おなごの一人にでも惚れられたらめっけもんやいうことにもなりかねん。そやけどなかには、そらもう人にいわれへんような苦労やらしんどい思いやらをぎょうさんして磨きに磨かれたあげくに、これがほんまの侠やいうようなんも出てくる。そないなもんが跡目を継いで親分になる。それをまた若いもんが見て、「えらいでけたおっさんやな」と感銘をうけて子分になったろ思うんや。

極道の親分－子分の関係いうたらそないなもんや。そやから、できそこないの親分なんちゅうもんは一人もおらへん、ほんまはな。

もちろんすべてがそうだというわけではないだろうが、本来はそういうものなのだろうというのが、数多くの親分－子分の関係を見てきた私の実感でもある。ヤクザの子分が自分の親分について語るのを聞いていると、津村会長のいっていることが決して絵空ごとではないことがわかってくる。

そういう例を二、三あげておこう。

親分に会った瞬間に、何かただならぬものを感じました。何がどうちがうのか、いまだにうまく言葉にはできませんが、普通とはまったくちがうものを感じて、この人に一生ついていこうと思ったんです。

私はグレン隊まがいのことをしてたんですが、友人に頼まれたことがあって先代の若い衆の事務所をたずねたんです。中には五、六人の若い衆がいましたが、話をしているうちに険悪な空気になって、あわやケンカになりそうになったんです。すると、中にいた一人が、「まあちょっと待て。この人のいいぶんも聞いてやれ」と取りなしてくれて、話が無事にまとまったんです。帰りぎわにはその人は、「こんなところへは二度と来ないようにしろよ」といってニコッと笑顔を見せてくれたんですが、それが当代だったんですよ。

私はその笑顔が忘れられなくて、それから四か月後に当代の自宅へたずねていって、「私を若い衆にしてください」と頼むと、「それはできない。カタギの生活がいちばんだから、考えなおして家に帰りな」と断わられてしまったんです。私は自分なりに気持ちの整理をつけて親兄弟にもいって出てきてましたから、「若い衆にしてくれるまではここから動きません」と、玄関先に座りこんじゃったんです。当代は困りはてて、しまいには、「しょうがねえな、それじゃ気が変わって帰る気になるまでいてもいいよ」といってくれたんですが、それから三十三年、いまだに帰る気にならない（笑）。押しかけ若い衆ですよ、私は。

月に何回かはお供をさせてもらって、使ってもくれるからうれしいんですよ。使ってもらってるうちが華だと思ってますから。やっとめぐりあえたといったらおかしいかもしれませんが、この自分がヤクザ渡世のなかで最高の人に出会えて、その人の側にいるんだということを実感してます。そういう「運命の人」に出会えてほんとうによかったと思います。でも、なのか、だから、なのかわかりませんが、親分の前に出ると私はいまだにまともにはしゃべれないんです。最近やっと少しだけ会話ができるようになってきましたが、いっしょに飲んだりするときでも二人きりだとダメなんですよ。あれだけの人がホントに分け隔てなくざっくばらんに接してくれるんですが……要するにいまだに雲の上の人なんですね。いくら飲んでも酔うどころか、緊張してアガってしまって、汗だくになっちゃうんです。

男が男に惚れる気持ちというのは文字どおりであって、要するに異性に恋してしまったのと同じような気持ちである。まるで恋人への熱い思いを述べているようなものだからヤクザをよく知らないカタギの人はちょっと異様な印象を受けるのではないかと思うが、こういう気持ちがヤクザの親子関係の土台になるのである。そしてそういう関係が理想として描かれるのみならず、私の観察では少なからずじっさいにも見られる。逆に、程度のちがいはあっても、そういう心情的な結びつきのまったく感じられない親分－子分の関係というのはほとんど見受けられないほどだといってもよいだろう。

甘えたい、愛されたい気持ち

そういう気持ちになるのはヤクザにかぎったことではない。人格が形成されつつある時期の若者はごくふつうにそんなふうな気持ちになることがある。その対象が身近にいる人間である場合もあるが、間接的に知っているだけの人間である場合も少なくない。たとえば、作家になりたいと思っている若者が三島由紀夫の作品を読んで感銘を受け、すっかり三島にかぶれてしまうといったようなことである。それはもちろん異常なことではなく、人格の発達という点から見ればむしろ望ましいことだと考えられている。自分が理想とするモデルを見いだし、それに近づこうと努力することをとおして、未熟な若者の人格は発達をとげていくものだからである。

だから決して病理的なことでもないしヤクザにかぎったことでもないのだが、ヤクザの親子関係の根底にあるのがそういう気持ちだということが、ヤクザ社会を色濃く特徴づけているように思われる。

たとえば会社や組合のようなゲゼルシャフト（営利集団）では、基本的にそういうことはないのである。新入社員が敏腕課長にそういう感情を感じるといったようなことがまったくないわけではないだろうが、そういうのは特殊なケースで一般的とはいえまい。それを思えば、ヤクザというのは精神的なゲマインシャフト（家族的集団）だということになるが、それについてはあとでまたくわしく述べたい。

とりあえずここで考えてみたいのは、そういう親子関係に入っていく若者の心の深層ははたしてどうなっているのかということである。

ヤクザに入門することを考える若者はほとんどがいわゆる不良少年である。そして、すでに見てきたように彼らの心の中に渦巻いているのは反抗だが、さらに深いところには甘えたくても甘えられずにひねくれてしまった気持ちがひそんでいる。ということは、彼らが表面的につっぱって（反抗して）いればいるほど、その下では甘えたい気持ちがたまっているということである。

父・伊邪那岐命《イザナギノミコト》に反抗心をいだいていた須佐之男命《スサノオノミコト》が姉・天照大御神《アマテラスオオミカミ》に自分の気持ちをわかってもらいたいと願い、父親に反抗していた少年時代のA氏が社会科教師のX先生を好きになって気に入られたいと願ったのは、甘えたくても甘えられずにいたからなのだ。つまり、不良少年の心の中では人一倍、甘えたい、愛されたい、気に入られたい、認めてもらいたいと願う気持ちが強まっていると考えられる。

そして、だれでも知っているように、恋というのは愛を求めるのである。つまり愛されたいと願う気持ちであって、決して相手をいつくしんでいる気持ちではない。恋をするのは必ず愛に飢えた人であり、すでに愛に満たされている状態の人にはそういう気持ちは起こらない。

そう考えれば、つっぱって生きている不良少年がヤクザの親分に恋してしまう理由がよくわかる。彼らは自分もああなりたいと思える相手に、甘えたい、愛されたい、気に入られたい、認めてもらいたいと堰がきれたように願うのである。そして、彼らが自分もああなりたいと思えるのは最高につっぱって生きている人だろうから、その相手はヤクザの親分でなければならない。そう考えないと、若者が同性の年長者に会った瞬間にこの人に一生ついていこうと思う気持ちは理解できそうにない。

2　修業の厳しさと情のきずな

ヤクザ修業の厳しさ

さて、今ここに一人の不良少年がいて、器量の大きい親分に感銘を受け、男が男に惚れるような気持ちになってヤクザの一家に入門したとしよう。

若者の心の深いところには甘えたい気持ちがあふれているはずだが、いうまでもなくヤクザというのは若者が親分や兄貴分たちにべたべた甘えていられるような甘い世界ではない。むしろ正反対で、彼を待ち受けているのは行儀見習いと呼ばれる厳しい修業の日々である。

私はいろんなヤクザの人々から修業時代の思い出話を聞いたが、「同じころに修業していた仲間が十人ほどいましたが、今も残っているのは私一人です」というような話をあちこちで耳にした。厳しさに耐えかねて途中で次々と脱落していってしまい、十年もたったころには十人に一人か二人ほどしか残っていない。それがふつうで、ヤクザの修業は厳しいことで知られるのである。

すこし前の時代までは、入門者は例外なくふつう二、三年は「部屋住み」の生活をしなければならなかった。どういうことかというと、親分（あるいは兄貴分）の家に住みこんで二十四時間、親分やその家族と寝食をともにしながら、ヤクザ渡世のイロハを叩きこまれるのである。住宅事情などの理由で現在は部屋住みを経験しない入門者も増えてきてはいるが、「やはり部屋住みをしないとヤクザの基本が身につかない」という考え方もあって、今でも入門者に義務づけている一家も少なくない。

まずは実例を見ておこう。私はかつて、関東のある大組織E会の幹部だったF氏（故人）の話を聞き、それをまとめたものを十九回にわたって、『実話時代BULL』にトーク記事として連載したことがある。そのなかでF氏はみずからの部屋住みの時代を次のように振りかえっている。

そのヤクザの見習いの生活が厳しかった。朝は五時に起きて何をするかというと、まず犬にえさをやる。ドッグフードなんてない時代だから、前の晩に肉屋から買ってきた肉と骨を煮たやつを食わせるんだよ。それから、その犬を運動に連れだす。帰ってきてから急いで朝飯を食ってしまって、その次が掃除だよ。今みたいに電気掃除機なんてないから、まずハタキをかけて、それからほうきで掃いて、雑巾をかけて、最後に廊下をピカピカになるまで空拭きする。そのうち親分が起きてきて、飯を食う。そのあとかたづけをしてから事務所へ行って、今度は事務所の掃除だ。考えてみれば掃除ばかりしてたな。地道な生活なんだよ（笑）。

そのあとが電話番だが、これがむずかしい。一家の代表として電話に出るんだから、失礼やまちがいがあったら一家の恥になる。責任重大だから、一家の人間関係をすべて頭に叩きこまなきゃならない。私はそのうえに、「どこそこへ電話」といわれたらさっとかけられるように、相手先の電話番号も百ぐらい丸暗記した。十人ぐらいで入門して、最後まで残ったのは結局二人だけだったから、けっこう厳しかったんだよ。

とにかく朝から晩まで、犬の世話と掃除と電話番と、下足番やその他の雑用ですごして一瞬も気が抜けない。自分の自由な時間なんてまったくない。だからストレスもたまる。もともと血気さかんな若者だから、たまに外に出たときにちょっとしたことでケンカなんかして、警察にパクられるよな。そうすると、取り調べの刑事に、「ダメじゃないか。ヤクザなんかやってないで、足を洗ってもっとまじめになれ」なんていわれたけど、「お巡りさん、まじめになれったって、私はこれこれこういう生活をしてるのに、どうやったらこれ以上まじめになれますか？　教えてください」と答えたよ。そうだろ？　なにしろ修行僧みたいな生活なんだから。（筆者自身が取材構成した『実話時代ＢＵＬＬ』誌の記事をもとに再構成。以下、Ｆ氏の引用はすべて同じ）

それでもF氏の親分は紳士的な人物だったから助かったというが、そうとばかりはかぎらない。別の一門のある幹部は次のように修業時代を振りかえった。

私は部屋住みが長かったですが、とにかくものすごく厳しかったです。毎日、ヤキが入りますから。親分が酒を飲むでしょう。「そろそろ出るな」と思ってると案の定、怒りだして、すぐ槍を抜いたりするんです。窓でも破って逃げんかったら間にあわんのですから、若い者がつづくわけがない。当時、若い者が百八十人ほどいましたが、やめていく人が多かったですよ。私も、「もういたくないなあ、早く逃げ出したい」と思ってましたが、あの厳しさが自分にとってプラスだったと、あとになって思いましたね。

また、次のような例もある。

下手をすると大きな石の灰皿が飛んできますから、今日は親分の機嫌がわるいと見てとると、そっとアルミ製の灰皿に置きかえたもんです。それに、かけだしの若い者はいくら腹が減っていても、ご飯のおかわりは許されないんです。しかし腹が減ってはいくさはできませんからね。姐さんが見ていないスキに茶碗にご飯をぎゅうぎゅう押しつけてよそって、一杯の量を増やしましたよ。

そういう部屋住みの二年間に、行儀作法から仁義のきり方まで、稼業のイロハを徹底的に叩きこまれました。今では考えられないほど厳しいしつけで、親分はそりゃこわかったですが、あの二年間がなかったらやっぱり今の自分はないと思います。いい修業をさせてもらって、心底ありがたいと思ってます。

つまり、津村会長がいうように、「親分を見習うて男を磨く」のがヤクザであって、「ええ加減やったらどないもならん」ということなのである。「人にいわれへんような苦労やらしんどい思いやらをぎょうさんして磨きに磨かれ」て、「これがほんまの俠《おとこ》や」というような人間にならなければならないのだ。だから、甘えたい気持ちでいっぱいで入門したにもかかわらず、じっさいには若者は徹底的に鍛えられなければならないということなのである。

厳しさの理由

ヤクザの修業はなぜそんなに厳しいのだろうか。

よく考えてみれば、「ほんまの俠になる」という精神論を抜きにしても、ヤクザにはそういう鍛錬が欠かせないということがわかる。なぜかといえば、博徒にしてもテキヤにしてもヤクザは職業的にはプロ集団だからで、そうでなければ到底やってはいけないのだ。

たとえば博徒の場合でいえば、入門した若者はいずれは賭博に精通し、高度な技術を身につけた職人にならなければならない。賭博も一つの文化のようなものであり、賽を振るのも札を引くのもプロの芸なのである。若者が表の見張り番からはじまって一人前の博徒になる過程というのは、たとえていえば、材木かつぎからはじまった大工の見習いが一人前の棟梁になるのと同じようなことなのである。

一人前の博徒に必要とされるのはもちろん手先の技術だけではない。賭場を仕切っていくためには、それなりの知識や洞察力に加えて、リーダーシップや精神的な強さといった人格的な成熟も必要である。賭場もサービス業だから営業的なセンスもなければならないし、古来、「ヤクザは人気稼業」といわれてきたように、地元のカタギの人々に好かれ、支持される人格でなければならない。いかに技術的にすぐれていても、カタギの人々にきらわれてはやっていけないから、そういう面もゆるがせにはできない。要するに一人前の博徒になるのはそんなにたやすいことではないのだ。

だから、入門してきた甘えの強い若者は親分の家に住み込み、掃除・洗濯や炊事などの下働きからはじめて、長い時間をかけて厳しく鍛えられなければならないのである。大ざっぱに見れば、そういう修業のやり方というのは、封建社会における手工業者の徒弟制度と非常に似通ったところがあるといえるだろう。つまり、ヤクザ社会に入門した若者はカタギ社会でやっていく以上に地道な努力を要求されるわけで、前にあげた例のなかの「どうやったらこれ以上まじめになれますか?」という言葉は決して冗談ではないのである。

細やかな情のやりとり

そこで、素朴な疑問が起きる。深いところでは甘えたい気持ちでいっぱいになってヤクザの一家に入門した若者が、たとえ十人に一人か二人でもそれほど厳しい修業に耐え抜いて一人前になれるのはなぜなのかという疑問である。

だいたいヤクザに入門してきた若者の心には甘えの裏返しの反抗心もいっぱい詰まっているはずである。父親に反発してカタギ社会を飛びだしたような不良少年が、カタギの父親以上に厳しい親分に口応え一つせずに従って、一人前になるまで成長できるのはなぜなのか？　不良少年といえばカタギの会社員でやっていくのもむずかしいはずだから、たとえ十人に一人でも無理なのではないかと思ってしまうのである。

あれこれ考える前に実例を見てみよう。前出のF氏はみずからの親分の思い出を次のように語っている。

私の親分がまたすばらしく人間のできた人だったんだよ。とにかく情が細やかだった。ある日ふと、「おまえ、歳のわりに若く見えるが、ほんとうの生年月日はいつなんだ?」そうたずねるから、「なんだろな?」と思いながら、「はい、昭和八年何月何日です」とこたえる。しばらくしてから、またふと、「おまえ、からだのわりに足が小さいようだな。足の文数はいくつなんだ?」「はい、十文いくつです」そういうやりとりがある。しかし、なにしろ忙しいから、しばらくするうちにそんなことをきかれたなんて忘れてしまう。ところがある日、親分が包みを渡してくれて、「ほらこれ、はいてみろよ」という。開けてみると、新しい靴が出てくる。「あれ、どうしてかな?」と考えてみると、忙しくて忘れてたけどその日は私の誕生日なんだな。はいてみると、もちろん私の足にピッタリなんだよ。こっちはもうびっくりして、感動するわな。

親分は、そういう泣かせる人だった。当然、「よし、この人のためなら命を捨てられる!」そう思うよな。そういうふうに、靴一足くれるにも人間の器量があらわれるもんなんだよ。

つまり、若者は非常に厳しい修業を強いられるのであるが、一方でこうした情の細やかさ、やさしさにもつつまれるのである。

もしこれが甘やかされて育ったカタギの息子だったとしたら、「泣かせる人だった」という感想にはならないだろう。そういう息子は、父親が自分の誕生日に何かプレゼントをくれるのはあたりまえだと思っているだろう。指折り数えて誕生日がくるのを待っていて、靴をもらえば、「なんだ、靴一足か」と思うかもしれない。サイズがピッタリなのもあたりまえで、もしちがっていたら、「自分の息子の足のサイズもわからないのか」と、おもしろくない気持ちになるかもしれない。甘えたくても甘えられず、深いところでは甘えたい気持ちでいっぱいになっていながら自分の誕生日も忘れてしまうほど厳しい修業に耐えているからこそ、「泣かせる人だった」という感想が出てくるのである。
Ｆ氏はつづけて次のように述べている。

そういう親分だったから、こっちも誠意で奉公した。たとえば、親分が新聞を読んでるだろ？　見てると、一か所をジーッと長いことながめてるんだな。あとでその新聞を見ると、親分がながめてたのは『徳川家康全集』の広告なんだよ。それで、さっそく貸し本屋で『徳川家康』の第一巻を借りてきて、親分の机の上に置いておく。親分がそれを読みおわったころあいを見はからって、第二巻を借りてきてまた置いておく。そのくらいの気づかいをしたもんなんだよ。

つまり、厳しい修業生活を送っている若者にはもちろんすこしの甘えも許されないのであるが、それをさりげなく、思いがけなく満たしてくれるのが親分の情なのである。子分はそれに心をうたれ、自分も同じ情で親分の気持ちにこたえようとする。その情のつながりが若者を修業の厳しさに耐えさせるのではないかと思われるのである。

情のきずな

そして、Ｆ氏のこういう体験は決して特殊ではない。ヤクザの若い衆に親分の人柄についてたずねると、判でおしたように、「渡世においては厳しいですが、一方でとてもやさしいところのある親分です」というようなこたえが返ってくる。ちょっと見本を並べてみると、

「オヤジは見てのとおりの一本気な性格で、人にはないようなきついところもあるけど、一方で非常に情にもろくて、なさけのある親分なんだよ」

「オヤジはきつい面もありますが、人間としてのあたたかみにあふれていて、今どきめずらしい、ヤクザらしいほんとうのヤクザだと思います」

「オヤジは厳しい人で、ものごとをハッキリしないと怒られますけど、下の若い衆も目をかけてくれて、いっしょに連れて歩いたりして、かわいがってくれる人です」

「オヤジは歯に衣を着せない人で、怒るときは徹底的に怒りますが、面倒を見るときも徹底的に見てくれます。厳しいですが、やさしさも人一倍です」

こういうコメントには外交辞令も含まれているかもしれないが、それを差し引いても、少なくとも真実の一端にはふれているといえるだろう。

かつて、ある独立組織の若手幹部二人に、「修業時代を振りかえって」というテーマで対談をしてもらったことがある。そのなかで、どういうときにヤクザをやめたくなるかということに話が及んだ。

むずかしいのはがむしゃらな見習い期間がすぎて、ヤクザのことがいくらかわかってくる二、三年後なのだという。だれでもその時期になると一度や二度はやめたくなるというのであるが、

その流れのなかで次のような話が聞かれた。

a　最初にぶちあたる壁はやっぱりシノギでしょう。

b　そうですね。タバコが買えんことがありますから。ヤクザやってて何が悲しいというて、一箱のタバコを買うカネがないほど悲しいことはないですわ。今はこうして笑うてますが、弁当を持って土方でもしてた方がええんやないかという考えもおのずと浮かんできます。

a　いっそどっかの田舎で田んぼでも耕して暮らそうかとか（笑）。本気でやめようというのとはちがうなと自分でわかってますが、正直なところ、もうヤクザをやめたいと思う時期もありました。

b　私もなんべんも思ったことがありますよ。それをつなぎとめるのはやっぱり情でしょうね。そのころにはもう親分や先輩と情でつながってますからね。

a　そうそう。今、自分がやめたら親分が困ってかわいそうやなとか。よく考えると困るのは自分なんやけど（笑）。

ヤクザの親分－子分の関係を成り立たせているものは「情のきずな」なのである。ヤクザに入門した反抗的な若者たちが、カタギの父親以上に厳しい親分のもとで長くて厳しい修業の道を歩めるのは、そのきずながあるからなのだ。そしてそれを別な言葉でいえば、一方でどんなに厳しくても、もう一方で彼らの心が深いところでは甘えを満たされているからだともいえるだろう。

3　母性豊かな父親

父性と母性の持ち主

さて、それでは、厳しいけれども気持ちのやさしいところもあるヤクザの親分というのは、心理学的に見ればいったいどういう人格として説明できるのだろうか。

これは個人的な実感であるが、じつをいうと私はこれまでにヤクザの親分に数多く会い、心理学的な目で彼らを見てきて、いつも意外な思いに打たれずにはいられなかった。

ヤクザの親分はもちろん男であって、擬似的な父親である。そしていうまでもなくヤクザにはカタギ以上に男らしいイメージがある。ヤクザといえば男らしいときまっていて、女らしいヤクザがいるわけがない。だから、ヤクザの親分はとりわけ男らしいだろうとだれでも想像するのである。現に「渡世においては厳しい親分です」といわれるのだから彼らに男らしく厳しい部分がないわけではないのだが、心理学的な目で見ると思いがけなく豊かな母性を感じさせられることが多かった。つまり、ヤクザの親分は男らしい男でありながら母性的な心を非常に強く持っているというのが私の印象なのである。

少しでも話を客観的にするために、エゴグラムという心理テストを作ったアメリカの精神分析学者、E・バーンの人格理論を見てみよう。
バーンは人の心はおとなの心と子どもの心で構成されていると考え、それを次の五つの領域に分類した。

CP（Critical Parent）「意」の分野の批判的で厳しい父性的な心
NP（Nurturing Parent）「情」の分野の養育的でやさしい母性的な心
A（Adult）「知」の分野のおとなの心
FC（Free Child）「情」の分野の自由な子どもの心
AC（Adapted Child）「意」の分野の順応した子どもの心

この五つの領域の心をどういうバランスで持っているかを測定する心理テストがエゴグラムであるが、CPとNPの特徴をあらわしている項目は、それぞれ次のようなものである。

CP（父性的な心）
○人の言葉をさえぎって自分の考えを述べる。
○他人を厳しく批判する。
○社会の規則、倫理、道徳などを重視する。

○理想を持ってその実現に努力する。
○責任感を強く人に要求する。
○小さな不正でもうやむやにしない。

ＮＰ（母性的な心）
○他人にたいして思いやりの気持ちが強い。
○義理と人情を重視する。
○他人から頼まれたらいやとはいえない。
○子どもや他人の世話をするのが好きである。
○融通が利く方である。
○社会奉仕的な仕事に参加することを好む。

ヤクザの世界の厳しさを思えば、親分はもちろん父性的な心の持ち主である。それはだれにでも想像できるし、事実そのとおりでもあるだろう。厳しい心を持っていなければヤクザの世界で生きていけるわけがない。

しかし、ヤクザの親分というのがどういう人々かをすこしでも知っていれば、彼らが母性的な心の持ち主でもあり、しかもどちらかといえばむしろそっちの方が強い人々だということがひと目でわかると思う。もし現実のヤクザの親分をまったく知らなくても、それは前章までの説明でじゅうぶんわかってもらえるだろう。義理と人情を重視するのも、他人の世話をするのも母性のあらわれなのだから、任侠道というものもふくめてヤクザのヤクザらしさはほとんど母性のはたらきだといってもいいすぎではないのである。

つまりヤクザの親分というのは父性的であると同時に母性的でもあり、どちらかといえば母性の強さのゆえにヤクザらしいとみなされている父親だということになるだろう。

母性的な心の豊かさ

具体的にどうなのかを見てみよう。

前出の例でいえば、「若い衆にしてくれるまではここから動きません」と、玄関先に座り込んでしまう若者というのはかなり甘えが強いといえるだろう。しかし、親分もまたそれを拒絶しきらず、しまいには、「しょうがねえな、それじゃ気が変わって帰る気になるまでいてもいいよ」と受け入れてしまう。これはかなり母性的なのである。だからこそ両者は甘える子とそれを受容する親という心理的関係で結びつくことができる。

前章でとりあげた西山総裁が一家を立ちあげたいきさつをもう少しくわしく紹介すると、用心棒に励む西山総裁を次から次へと若者たちが頼ってきたのである。西山総裁はその当時はまだヤクザの親分ではなかったから、「子分にしてください」と頼まれても子分にはできなかった。しかし、彼は人に頼られれば拒めない性格だから出ていってくれとはいえず、頼ってきた若者たちは家にいついてしまった。すると、まだ独身だった西山総裁は、そういう若者たちのために毎日みずから飯を炊き、汁を煮て食べさせた。それは彼が結婚して、姐さんが炊事をするようになるまでつづいたという。頼ってきていついてしまい、食べさせてもらっていた若者たちは甘え放題に甘えていたと見られようが、それは西山総裁の心がそれに応えられるほど母性的だったということでもある。

前に引用したところで、津村会長は「男に惚れられるんは器量の大きい男や」といい、器量が大きいというのは、「どれだけおのれを捨てられるかということや」といっているが、彼はその例として次のように述べている。

わしのオヤジの大野鶴吉は「鵜呑みの鶴やん」と呼ばれてな。相手がカタギはんやろと極道やろと、とにかくなんか頼まれたら「よっしゃ」のひと声しかいわん。いうてはあかんことまで「よっしゃ」という人やった。まわりはそのあと始末でたいへんやったが、そらカタギはんには好かれたわ。わし、その親父のもとで二十七年半、若者頭やってな、極道は欲得ぬきやということを身にしみて感じさせられた。わしがオヤジのあとを追っかけていいわけしてまわらんことにはどないな面倒が起きるかわからん。一つの壺のもらい手が二人あらわれるようなことが平気で起きてまうねん。そやけどほんまに極道らしい極道いうたら正味、そないなもんや。

大野鶴吉親分のこうした人格は、やはり母性的な心の典型的なあらわれだろう。そうと知っていて頼んでくる周囲の人々は彼に甘えていたのだろうが、そういう甘えを無制限に受け入れて、「頼まれたらいやとはいえない」のは母性の特徴なのである。

例をあげていけばきりがないほどで、ヤクザの親分についてのそういう話はとくにめずらしくはない。「器量の大きい親分」「よくできた親分」のエピソードというと、だいたいそんなような話になるのである。こうしたことから、ヤクザの親分になくてはならない本質的な心理的な特徴の一つが、母性的な心の豊かさであることはあきらかだろう。ヤクザの土台である親分 - 子分の関係は、深いところでは若者の甘えが親分の母性的な心によって受けとめられ、満たされることで成り立っている部分が大きいのである。

母性のはぐくみ

男だけの集団を率いる親分の心に母性が豊かだというのは奇妙に思われるかもしれないが、決してそんなことはない。

見てきたように親分 - 子分の関係は情の結びつきだが、心理学的に見ればそもそも情というのは母性の領分なのである。小さなものを保護する愛情、弱いものへの思いやり、人の甘えを許すなさけ深さ——人間に本来そなわっているとみなされるそういう人間らしいやさしさは、母性愛がベースになっているとみなされている。

常識では父親は父性愛、母親は母性愛と分けられるだろうが、ほんとうのところは、父親は父性、母親は母性しか持っていないというわけではない。父親の心の中にもいくらかは母親のようにやわらかくやさしいところがあるし、母親の心の中にもいくぶんかは父親のように固く厳しいところがある。母親のいない家庭の父親がしらずしらず、多めに母親らしさを発揮して子育てをするというのは、ふつうに見られることなのである。

ヤクザの親分も、もとをただせば行儀見習いの若者である。心の底に甘えたい気持ちをたたえたそういう若者が厳しい修業に耐え、津村会長にいわせれば、「人にいわれへんような苦労やらしんどい思いやらをぎょうさんして磨きに磨かれたあげくに」親分になる。そのときには彼の心は深まり広がっていて、今度は次の世代の若者の甘えを受けとめられるだけの母性をそなえたものになっている。自分がかつて甘えていたからこそ、親分には若者の甘えたい気持ちがわかるのである。

そういうわけで、ヤクザの親分は一方では厳しい父親であるが、もう一方ではそれ以上に母なる愛情をたっぷりとたたえた父親でもある。若者の心はもちろん厳しい父親に鍛えられもするだろうが、その一方であたたかい母性のはぐくみを受けてもいる。そしてそれがあるからヤクザは情の集団なのである。

4 義理人情と甘えの構造

甘えに根ざす人情

土居健郎は『「甘え」の構造』のなかで義理人情を日本人特有の心ととらえてくわしく説明しているが、今日、カタギ社会においてはその言葉はほとんど聞かれなくなった。しかし、ヤクザの取材をしているとそれが頻繁に聞かれて、ヤクザは義理人情で生きているということが実感された。

辞書によれば、人情とは愛情、思いやり、なさけなど、人間に本来そなわっていると見なされる人間らしい感情である。土居は、その人情は甘えに深く根ざしていると述べているが、それはたしかにそのとおりだろうと私も思う。

前の例でいえば、行儀見習いのF氏の誕生日に新しい靴をプレゼントした親分は人情の厚い人である。彼は自分を頼ってきて一人前になるために一生懸命、修業にはげんでいる若い衆の気持ちがわかっている。そのつらさやたいへんさ、息苦しさやストレスがわかるのは、自分も同じ思いをしたことがあるからである。彼は若い衆の心が甘えたい気持ちでいっぱいなのもわかっているが、修業中の若い衆を甘やかすことはもちろんできない。しかし、誕生日に何か買ってやるぐらいのことはしてやりたいと思う。いい靴を持っていないから靴がいいだろうと思いつく。「誕生日に靴をやるから」といって誕生日と足のサイズをたずねてもいいが、さりげなくやった方が、もらった人はより大きな喜びを味わえることを彼は知っている。だからそういうやり方をしたのである。

靴をもらったF氏は、そういうもらい方をすることで親分が何もいわなくてもいつも自分を気にかけて見守り、愛情を持ってくれているのだということがわかる。親分に甘えたい気持ちでいた彼はその靴一足でその甘えを満たされたのが心にしみて「泣かせる」のであって、それが人情なのだ。

F氏はその話につづいて次のような話をした。

親分は教育がなくて、子どものときから豆腐屋の小僧なんかやって苦労した人だが、人間の器量に教育は関係ないぞ。下手に教育なんか受けると、かえって人情がわからなくなることが多い。実際、インテリヤクザでそういうやつもいたんだよ。

「おいF、おまえ背広つくったのか?」

「はい、やっとつくりました」

「靴がダメだな。よし、今度おれが買ってやろう」

「はい、ありがとうございます」

楽しみに待ってる。ところが、次に来たときもその次に来たときも買ってくれない。こっ

ちも若いからそのうちしびれをきらして、

「叔父さん、このまえ靴を買ってくれるっていったんですが」

「なに、おまえ催促するのか？　しょうがねえな。よし、じゃあほら、カネをやるから、自分で好きなのを選んで買ってこい」

こういう人のために、命を捨てようとは思わない。靴一足にも人間の器量があらわれるもんなんだよ。


このインテリヤクザは、靴をやるといわれてそれを楽しみに待っている若者の気持ちがわからない。「おまえ催促するのか？　しょうがねえな」といっているのは、「甘えるな」といっているのと同じで、そういうのが人情がわからない人なのである。

つまり、立場の低い者、弱い者、小さい者の心の中の人に何かをしてもらいたい、愛情をそそいでもらいたいという甘えを察知して満たしてやる愛情や思いやりが人情なのである。そして、そういう慈悲深い愛情というのは母性的な心の特徴である。甘えというのがもともと母親的な対象への愛情欲求であることを考えあわせれば、人情と甘えはだいたいワンセットの関係にある感情だといえるだろう。

靴一足にあらわれる人間の器量とは、どれだけ人情がわかるかということである。そしてそれはどれだけ母性が豊かであるかということであり、つまりはどれだけ人の甘えを受け入れられるかということでもある。母性の豊かな親分に率いられた「甘えの集団」において、人情が忘れさられることはあり得ないのである。

人情の器としての義理

一方の義理について土居は、「もともと自然発生的に人情が存する親子や同胞の間柄とちがって、いわば人為的に人情が持ちこまれた関係が義理である」とし、「義理はいわば器で、その中身は人情であると考えられる」と説明している。この説明は少々わかりにくいが、私なりの解釈は次のとおりである。

辞書を見ると、義理の意味は、「人として利害を離れてしなければならない行動の基準。道理。人々のなかでの生活でしかたなしにしなければならないこと。つきあい。血のつながりのない者が肉親と同じ関係になること。意味。意義。わけ。理由」などと記されている。

ヤクザには義理がつきものであるが、義理事といい、義理場といい、あるいは香典や祝儀の金銭そのものをさして義理ということもある。一方、親分－子分の関係や兄弟分の関係を義理の関係とは決して呼ばない。そう呼ぶとヤクザの世界はすべてが義理の関係になってしまうが、ヤクザなら「親分－子分や兄弟分の関係は義理のような他人行儀のものではない」というだろう。

私はここでヤクザの心理について考えているのだから、彼らの解釈にしたがって、義理の意味を前の辞書の「人々の中での生活で当然しなければならないこと。つきあい」の意味に取っておきたい。そうすると、そこには「人情を離れて」という条件がつくこともある。「義理があるからしかたがない」といういい方は、ヤクザの世界ではよく聞かれる。つまり、義理にはどうしても義務感がつきまとうのであり、「義理と人情を秤にかければ義理が重たい」といわれるように、人情をさえぎる壁としてはたらくことも少なくないのである。

そう考えると、義理と人情はまったく別物のようにも思えるのだが、よくよく考えるとそうではない。

ある独立組織の幹部の人を取材したおりに、毎年、元旦になっていちばん最初にすることは手帳に遺書を書きつけることだという話を聞いた。そこでその遺書を見せてもらうと、

退いて生きるは男の恥。
戦って死するは俠の誇り。
皆様方の志（義理）は三分の一は会に、残り三分の二は養育を必要とする実子に分けてやってください。
今年も不退転の決意で事にあたります。

そう書いてあった。手帳を返すと彼は、

子どもに父親らしいことは何もしてやれんですけね。せめて死んでから、「ああ、お父さんは少しは自分のことも思っていてくれたんやな」と、わかってもらいたい気持ちはあります。

そういった。ヤクザは生命保険には入れないし、彼はヤクザらしく蓄財とは縁のない生き方をしていて、自分が死んでも実子に何も残してやることができない。だから葬儀に集まってくるであろう人々の義理に期待するほかないのである。

ヤクザ社会に義理事が多いのは、そういう意味合いがある。ヤクザにはいつ突然の服役という災難が降りかかるかわからないということもあるから、義理事が一種、頼母子講《たのもしこう》としての役割をになっているわけで、そういうシステムがないとやっていけないのである。

父親らしいことを何もしてやれなかった自分の実子に何か残してやりたいと思うのは人情である。周囲の人々が父親に死なれてしまって途方に暮れている子どもを見て、何かしてやりたいと思うのもまた人情である。だから、もとをただせば義理事の動機は人情なのである。しかし、それが社会のきまりごとのようになって、じっさいに人情を感じる範囲をこえてやりとりされれば、「しなければならないこと」として意識されるようになる。

そういう意味で、義理は人情の制度化であるともいえるだろうし、物質化された人情であるともいえるだろう。だからそこにはもう個人的な人情そのもののぬくもりは感じられないのであるが、そのかわり幅広く安定して、人情を肩代わりする役割を果たしている。「義理はいわば器で、その中身は人情である」という土居の指摘は、そういうふうに解釈するとわかりやすい。

遺書のなかに「皆様方の志（義理）の三分の二は実子に分けてやってください」と書いた父親は、深いところではヤクザ社会が制度化してたくわえている人情に甘えているのであり、ヤクザ社会もまたそれに応えるようにできている。だから人情と同様、義理もまたたしかに甘えに深く根ざしているといえるのであり、そういうものである義理がヤクザ社会で大切にされるのは当然のことといえるだろう。

5　スジ＝アウトローのバックボーン

ヤクザの命

もう一つ、ヤクザ社会には「スジ」という観念があって非常に重要視されているが、それがいったいどういうものなのかということは、外部の人間にはなかなかわかりにくい。例によって、まずは津村会長の話に耳を傾けてみよう。彼はそれを次のように説明している。

極道がスジをとおすということは、株式会社がカネもうけをすんのとおなじようなことや。スジをとおさん極道はカネをもうけん株式会社とおなじで、なんの意味もない。スジをとおすということは極道にとってそれぐらい大事なことや。そやからわしもこれにはこだわって、「津村はスジちごうたらほんまにうるさいなあ」とよその親分や大野にもよういわれたもんや。そやけど極道はスジというもんを外したら、赤い顔してあっちを向いてないとならんのや。スジさえとおってたらなんもこわいものはあらへん、相手がどないに強いもんでも「文句あっか」いうて尻をまくれんのや。

いうまでもないが、スジとはものごとの道理のことやで。任侠道をひと言でいうたらスジのとおった道理にかなった生き方をすることで、それ以外なんもあらへん。

極道がお上ににらまれながらこれまで生き延びてこられたんも、スジをとおしてきたからや。

博奕はたしかに御法度やが、理想社会やないさかい、カタギの衆がたまに博奕のひとつもやりたくなるんは、ええこととはいえんまでももっともなことではある。しかし博奕をやるにはだれか胴元がおらんならん。昔のお上は今よりはスジがとおってたから、まさかみずから胴元をやるわけにはいかんということで、極道がお目こぼしにされてたんや。極道にしてみれば、御法度のことを稼業にしてるが、カタギの衆のもっともな要望に応えてんのやから一概にスジを外してるとはいえへん。そやけど一応、御法度に手を染めてるぶん、日陰もんの意識で謙虚に暮らさなあかんいうことになってたんや。それでちゃんとスジがとおってんねん。

もちろん、生き延びるためにスジをとおしてきたんやないで。そないに考えたらそれこそスジちがいや。道理にかなった生き方というのは、人間の理想や。理想やから求める。しかし理想どおりにいかんのが人間でもあるから、おのれを磨いて精進せなあかん。そやから極道は理想主義の思想集団で、まちごうても犯罪集団やないいうことにもなるんや。

じっさいに世の中を治めてんのは法律や。法律は道理にかなってるはずやが、そもそもお上ができそこないやからスジちがいの解釈がなんぼでもあって、だいたい強いもんや上のもんにつごうよく使われんのや。カタギの庶民は「無理がとおれば道理が引っこむ」「長いものには巻かれろ」いうてそれにも従うが、極道は無理もとおさせへんし長いもんにも巻かれん。道理はこうやと思うたら長いもんも短いもんも関係あらへん。弱いもんがしいたげられて難儀するようなスジちがいがあったらお上に逆ろうてでも庶民の味方をしてきたんや。

それがほんまの極道やで。スジのとおらん極道では骨のないこうもり傘と同じでなんの役にもたたん。そやからスジこそ極道の命や。これ、極道のイロハやねん。

なるほどとよくわかる話である。じっさい、「ヤクザはスジをとおすことが大切だ」ということを私はいたるところで耳にしてきたが、津村会長の見解と相反するような内容の説明は聞いたことがない。ヤクザ社会における津村会長の立場から考えても、スジというものが本来どういうものなのかはほとんどこの話に尽くされているのではないかと思う。

つまり、スジとはものごとの道理のことであり、ヤクザの生き方とはスジのとおった生き方にほかならないから、スジこそヤクザの命だというのである。

ヤクザの依って立つ法

そう受けとったうえで、そのスジがヤクザの命だということの意味を考えてみたい。

第一に、ものごとの道理であるスジは「知」の領域に属するということが注目される。

人の心は「知情意」の三つの要素でできている。

これまで見てきたように、ヤクザ社会の土台である親分－子分の関係が基本的には情のきずなで成り立っているのだから、ヤクザは基本的には情の集団である。親分の人情豊かな母性的な心にも、深いところでその親分に甘えている子分の心にも、情がいっぱい詰まっている。ヤクザは根っこのところでは情で生きている人間だといってもよいだろう。

しかし、稼業の面においては、ヤクザは意を磨かなければならない。親分の厳しい父性的な心は意の領域に属している。子分はその親分を見習って修業にはげみ、甘えを乗りこえて、親分と同じような厳しい心を持てるようにならなければならない。そうでなければやっていけないのだから、ヤクザは決して意の強さをおろそかにはしていない。

残るもう一つの知の領域を作っているのがスジである。情と意だけでは心は不完全で、運転者のいないクルマと同じようなものである。エネルギーもあり、動きもするがどこへ行ってしまうかわからない。情と意を適切にあやつって目的地へと導くのが知に与えられた役割で、ヤクザの場合はそれがスジだと考えられるのである。

そして、それがヤクザの命だといわれるほど重要視されるのは、ヤクザがアウトローとしての側面を持っていることと関係していると思われる。

津村会長の説に沿っていえば、ヤクザはたんに博奕をなりわいにしているからアウトローだというわけではない。ヤクザの心には法のにない手である「できそこないのお上」にたいする根強い不信感がある。それは津村会長がいっているだけではない。私は多くのヤクザの人々の話に耳を傾けてきて、為政者をほめたたえるような話は一度も聞かなかったが、批判する話はいたるところで聞いた。ヤクザは基本的に権力にたいして批判的であり、ややもすると反体制集団という面もあるのではないかというのが私の実感である。不信を持たれているのは為政者だけではない。「法律も絶対ではないから」という言葉も、私は別のところで何度となく耳にした。

ヤクザは為政者から目こぼしをもらっている境遇だから、為政者にはたてつかないことになっている。しかし、「弱いもんがしいたげられて難儀するようなスジちがいがあったらお上に逆ろうてでも庶民の味方をしてきた」というのも事実であって、ヤクザが義侠の心から民衆を助けて権力者と戦ったという話は講談や伝説のたぐいにかぎらず、史実としても数多く伝えられている。

ヤクザがアウトローであるということの根底には、為政者や法にたいするそういう不信感がある。ということは、ヤクザはヤクザなりに為政者を批判できるだけの正義感なり倫理観なりを持っていなければならないということであって、それがスジなのだと考えられる。

そういう意味で、スジはいわばヤクザが依って立つ専用の法なのだともいえる。そして、それがあるからこそ彼らはアウトローの部分を持ちながら正々堂々と生きることができてきたのであって、もしそれがなかったらただの犯罪者集団になってしまいかねない。「生き延びるためにスジをとおしてきたんやない」という津村会長のスジ論がヤクザ社会のなかでどれほど一般的な考え方なのかはわからないが、それが正論ではあるのだろう。少なくとも、スジをとおすということがなかったらヤクザがヤクザとして生き延びられなかったことはまちがいないのである。

スジの深さと強さ

さて、スジというのはそれだけ強いものだが、一方でそれだけ奥深いものだともいえる。ものごとの道理がどうであるかというようなことはそんなにかんたんにはわからない。スジがとおっているかどうかはその人間の生きる姿勢や人格そのものにかかわることであり、自分がスジのとおった生き方をしていなければスジが見えるようにはならないのである。

つまり、スジというのは屁理屈や論理性のようなものではないし、たんなる善悪の観念でもない。スジがとおっているかどうかには人の生き方としてどうなのかということが含まれていて、その人間の心の全体がかかわってくるのである。

津村会長は次のような話をした。

だいぶ前のことやが、あるところから媒酌人を頼まれてな。温泉地のホテルで盛大にやるというんで、いろいろ準備をととのえて沐浴潔斎して式場にのぞんだんや。ところがこれから式がはじめるいうときに、三下ともいえんようなええ歳こいたんが寄ってきて、「津村はん、ほんまの極道の盃をしとってや」いうたんや。これあかんねん。で、わし、「ほんまの極道？　勝手にさらせ。わし、もう知らんわい」そないにいうて、スタスタ出てきて、地下大浴場いうところで温泉につかってたんや。上の式場では紋付を着たんが二百人ほど座って待っとったが、なんぼカッコつけても、盃をとりおこなう媒酌人に向かって「ほんまの極道の盃をしとってや」というようなんは、ほんまの極道とはいえへん。ほんまの極道がおらんところで、どないしてほんまの極道の盃をやれっちゅうんや？　スジちがいもええとこやと思うてな。

こういうスジはとおさなあかんねん。依頼人にそないにいわれて、「はい、やりまっせ」というようなんはほんまの極道の媒酌人やない。もしわしがそないなことをしたら、それまでわしに媒酌を頼んでくれた数千人の極道たちの信頼をうらぎって迷惑をかけることになる。わしは極道やからそないなことはでけへん。そやから紋付を脱いで、風呂にでもつかってんのがスジやねん。

スジをとおすいうんはそないなことで、おのれの主義主張をとおすわけやない。私見や欲得抜きで道理にしたがうことや。

これ、口でいうのは簡単やが、針の穴に糸をとおすようなわけにはいかへんで。道理がわからんで欲得に呑まれてまちがいをすんのが人間や。そやから、スジもなにも見えん若いもんが一人前にスジをとおせるようになるために、極道は精進せなあかんいうことでもあるんや。

媒酌人の津村会長に、「ほんまの極道の盃をしとってや」といった人間に、もちろんわる気はなかったろう。津村会長は名媒酌人である。ヤクザ界には津村会長に媒酌を頼んでおこなう儀式は一流だという認識があったほどだから、その期待をこめて「よろしくお願いします」とあいさつするような気持ちだったにちがいない。しかしその何げないひと言にも、それをいう人間の心が透けてしまっている。それには、「手を抜かずにちゃんとやってくれ」というえげつない要求の気持ちも含まれるだろうし、その裏には「自分たちはほんまの極道だから」というおごりの気持ちも見え隠れしているだろう。それは、沐浴潔斎して式場にのぞみ、盃に「極道の魂」をそそぎこもうとしている媒酌人の心境とはあまりにかけ離れていて、これから儀式にのぞもうとする者の厳粛さを欠いている。そういう「ほんまの極道」とはいえないような者が、「ほんまの極道の盃」というのはスジちがいだということになるのである。

津村会長は、相手のそういうヤクザとしての自覚も何もない、道義に外れた心を突っぱねたのである。もし自分がそれに目をつぶって儀式をとりおこなったら、儀式そのものが厳粛さを欠き、まともなものではなくなってしまう。そして、自分がそういうスジちがいの儀式をおこなえば、それまで自分に媒酌を依頼してきた多くの人々の信頼をうらぎることにもなってしまう。だからそれはできなかったのである。

媒酌人の津村会長が温泉に入ってしまってそのあとどうなったのかを彼は話さなかったし、私もあえてたずねなかったが、聞かなくてもそれはわかる。媒酌人がいなくては式はできないが、かといって式をとりやめるわけにはいかない。当事者と主催者が浴場まで出向いて津村会長に詫びをいれ、式をとりおこなってくれるように改めて頼むほかはないのである。風呂に入っている丸裸の津村会長一人に二百人のヤクザが手も足も出なくなるのは、津村会長の方がスジがとおっているからにほかならない。「スジさえとおってたらなんもこわいものあらへん、相手がどないに強いもんでも「文句あっか」いうて尻をまくれんのや」という津村会長の言葉はまさに真実なのである。

そういうものだから、一見するとスジは人情や甘えの心とはなんの関係もないように見える。しかし、必ずしもそうではなく、深いところではつながっているということは次節であきらかにしたいと思う。

6　任侠道における義理人情とスジ

ヤクザが主導する住民運動

任侠道が須佐之男命の大蛇退治のようなものだということについては前の章で述べたとおりである。ヤクザには邪悪なものと戦って民衆を助けるという一面があり、そういう役割を果たすことで、ヤクザは社会のなかで生きることを許されてきた。もちろんいつも大蛇が牙をむくということはないから、ヤクザが常にそういうものと戦っているわけではあるまいが、何かあれば民衆の役にたつのがヤクザの使命だと考えられてきたのである。

そういう任侠道は、日本人の心の中の甘えの構造に深く根ざしている。苦しめられている者は助けを求め、慈悲深い心がそれに応えるという構造を生みだしたのは、甘えにたいしておおらかな民族の心である。

ヤクザ社会を見聞してきた私の実感としては、現在のヤクザが、じっさいに津村会長がいっているような意味での任侠道を生きているという印象はあまり受けなかったが、それでもボランティア活動や社会福祉などをとおしてカタギ社会に貢献している一面が一部にあるということはじゅうぶんに見て取れた。

阪神淡路大震災のときに神戸の山口組が救援活動をおこない、全国のヤクザ組織がそれを支援したことは報道もされて広く知られている。ほとんど報道はされなかったが、熊本地震や東日本大震災のときにも、各地で台風や豪雨などの災害が起きたときにも同じようなことがあった。身体障害者が働ける企業を営んでいる親分もいるし、孤児院や老人施設への寄付も多い。ただ、ヤクザの暴力団としての側面はよく報道されて広く知れわたっているが、任侠団体としての側面がマスコミに取りあげられることはないから、そういうことは一般の人々にはほとんど知られていないだろうと思われる。

ヤクザの任侠道がじっさいどういうものなのか、私が見聞した実例をあげてみよう。

まずは津村会長の話である。

すこし前やが、わしとこの近所にどでかいマンションが建ってな。百五室もあるワンルーム・マンションやが、建つ前に近所の住民から、「それ、建ったらこまる」いう声があがった。なぜかいうたら、ワンルームに入るような若い人はだいたいクルマを持ってるはずやが、マンションの前は一方通行のせまい道路や。そないなところに頻繁にクルマが出入りしたり、車庫がないからいうて路上駐車されたりしたら迷惑でしゃあないいう理由やった。で、「おっちゃん、なんとかならんもんやろか?」と相談されたんや。

もっともな話やし、わし、極道やから、カタギはんからそないにいわれたらほっとけん。住民代表として建設会社と掛け合うて、そのマンションにはクルマを持ってる者は入居できんというきまりにしてもろたんや。
そないしてすこしでも近所のカタギはんの役にたつんがほんまの極道やと思う。役にたつには頼られなあかん。頼られるには安心されなあかん。安心されるには日陰もんの気持ちをもって庶民の暮らしをすることや。庶民とかけ離れたような生活をして、脅威をあたえるようなイメージをわざわざばらまいてたら、頼られるどころか害のある方に見なされる。

津村会長にこの話を聞いたころはちょうどあちこちで「暴力団追放」の住民運動が起きていて、事務所の立ち退き要求が出されたりしていた。それだけになおさら彼のこの話が新鮮に感じられた。

言行一致で、津村会長は近所のカタギの人々に親しまれ、信頼されている親分だったのである。彼自身がクルマには乗らなかった。出かけるときにはいつも自転車に乗って、近所の人々に会えば気軽にあいさつする。服装もごくふつうで、ヤクザであることを感じさせるようなところは何一つなかった。そんなふうに下町の庶民の暮らしをして近所の人々に安心され、頼られていたからこそ、「住民代表として建設会社と掛け合う」というはたらきができたのである。

マンションを建てた建設会社は資本力のある大企業で、下町の庶民とくらべれば強い力を持っている。八俣の大蛇といえるほどのものではないにしても、そういう強い力を持つものが近隣の人々の静かで安全な生活をおびやかそうとした。だから津村会長は、「こまる」という住民の相談を「もっともな話」と受けとった。スジがとおっていたから津村会長は動いたのである。

スジのとおった任侠道

一方で、私は次のような話も聞いた。前にも紹介した唐津の西山総裁の話である。本部をかねた西山総裁の家の三階大広間からは、かつては松浦湾を背景に唐津城が正面に見えて絶景だった。

ところが、その西山総裁の家の斜め筋向かいに、市が特別養護老人ホームを建てることになった。それが建つと、建物の屋根にさえぎられて城が見えなくなってしまう。そのため市当局も気をつかって西山総裁に相談におとずれたというが、西山総裁は市の職員に、「そういう施設ができるのはよかことですけん、何も遠慮せんで建てたらよかとですよ」と答えた。

一方、同じく眺望をさえぎられることになる付近の住民から反対運動が起こりかけ、西山総裁にも協力が求められた。西山総裁はそれにたいしては、

お気持ちはわかりますけん、じゃまはせんとですよ。ばってん、さいわい健康で城を見たければどこへでも歩いていけるわしが、からだの不自由なお年寄りが城をながめられる場所にホームば建てることに反対はしきらんとです。

そう答えた。

西山総裁にそういわれて反対運動は立ち消えになり、施設が建った。本来なら完全に城の眺望をさえぎるはずだったが、市はさすがにそれはできかねてギリギリまで左に寄せて建てたので、結局は城の半分だけ見えている状態になった。

私は西山総裁の家に取材に行って大広間から外をながめ、半分だけでも城が見えている眺望を、「いいながめですね」とほめた。そのときに西山総裁は、「いや、これは以前はもっとよかながめでしたが……」と、その話をしてくれたのである。

西山総裁も津村会長に負けず劣らず、唐津のカタギの人々に深く信頼されていた親分である。だからこそ住民は彼に反対運動への協力を求めたのだ。にもかかわらず彼はそれを断った。

私はこの話を聞いてなるほどと思い、私なりにスジと任侠道の関係がわかったような気がした。ヤクザが任侠道をかかげて生きているということの裏側には、あきらかにカタギの人々の甘えがひそんでいる。助けてもらいたいというその甘えに応えるのが任侠道だが、だからといって民衆の役にたてることならなんでもするというわけではないのだ。

西山総裁が反対運動に協力しなかったのは、スジがとおっていなかったからである。自分たちが城をながめられなくなるから老人ホームの建設に反対するというのは、住民のエゴにほかならない。それでは入所する予定の老人たちがかわいそうで、「もっともな話」とはいえないのだ。相手が近隣のカタギの人々だし気持ちはわかるからじゃまをするつもりはないまでも、西山総裁はそんな人情に欠ける話には乗れなかった。そこで、自分が同調できない理由を述べてやんわりとさとしたのだ。つまりは逆にからだの不自由な老人の肩をもったわけで、それもまたまぎれもなく任侠道だったたのである。

この話から、知の領域に属するスジもじつは深いところでは情の領域とつながっているということを知ることができる。津村会長が、「任俠道をひと言でいうたらスジのとおった生き方をすること」といっているのは決してまちがいではないのだ。任俠道はあきらかに情の領域に根ざしているが、カタギの民衆の甘えを無制限に受け入れることではない。たとえ義理人情で動いても、スジのとおらないおこないを任俠道とは呼べないのである。

一方で、義理人情に反するスジというのはあり得ないこともいうまでもない。津村会長は、「スジのとおらん極道では骨のないこうもり傘とおなじ」といっているが、それを逆にいえば、義理人情に欠けるヤクザでは骨だけのこうもり傘と同じだということになってしまう。義理人情に根ざし、しかもスジのとおったおこないをするのがヤクザの任俠道である。

ヤクザ社会はかぎりなく甘えにたいしておおらかな母性的な心で成り立っているのであるが、そこには一本スジがとおっている。スジのとおらないヤクザではお人好しのアウトローのようなもので、ほんとうの意味でカタギの人々の役にたつこともできないということだろう。

第四章　ヤクザを生んだ社会の深層

本章では、ヤクザを生んだ日本の社会にはどういう特徴があり、ヤクザとカタギはどういう心理的関係を結んで共存してきたかということを考察していきたい。

1　日本だけにヤクザが生まれた理由

母性の社会から父性の社会へ

すでに見てきたように、ヤクザを生みだしたのは甘えにたいしておおらかな日本人の心であるが、なぜ日本人の心はそんなふうになったのだろうか。

もう一度、『古事記』に立ち返って考えてみよう。

須佐之男命《スサノオノミコト》と父・伊邪那岐命《イザナギノミコト》の心が子どもっぽくて甘えが強いのは、日本社会の母性の強さのあらわれだということはすでに述べたとおりである。伊邪那美命《イザナミノミコト》と伊邪那岐命が天の御柱をまわり、伊邪那美命が先に声をかけたために国生みに失敗してやり直したというあたりを見ると、

『古事記』ができた時代にはまだ母性の強い社会のなごりが残っていたと考えられるのである。

社会には母性的な社会と父性的な社会があるが、それは文明化の度合いと密接な関係がある。民族によってちがいはあるが、ごくおおまかにいえば、文明が進むにつれて社会は母性的な社会から父性的な社会へと、人々の心は母性的な心から父性的な心へと変わってきた。

もっとも原始的な社会は母性的な小さな社会で、そこでは個人が財をひとり占めして蓄えたり、権力を握って人々を支配したりというようなことはなかった。しかしだんだん社会が大きくなってくると、それを統率するために父性的な心が強くなり、自我が育ってくる。自我が育つと所有や権力の欲望があらわれ、心はその欲望を達成するために合理的な思考をはたらかせて、生産や管理の能率を高めようとする。

そして、合理的な思考が発達するということは、裏返せばそのぶんだけ感情的な豊かさがそこなわれるということである。能率が重視されれば、気持ちがどうであるかというようなことよりも何がどれだけできるかということが、心の豊かさよりも能力が重んじられるようになる。だから、文明が発達して父性的な社会になれば、人の心は抜け目なく利口になるが、そのぶん他者への共感性を失い、ぎすぎすしてくる。父性的な社会というのは欲望を満たしてくれるが、心のやすらぐ社会ではないのである。

日本社会の父性化が中国などとくらべてかなり遅れた理由はいろいろあるだろうが、文明化の遅れ、協調性が重んじられる農耕民族であるために個の意識が育ちにくかったこと、島国であるために旧習が保存されやすかったことなどが関係しているかもしれない。

それでも父性化が急速に推し進められたのは、中国文化と仏教の輸入によるところが大きいとされている。

それは『古事記』が成立した事情にもハッキリとあらわれている。

『古事記』は天武天皇が稗田阿礼《ひえだのあれ》に命じて覚えさせた多くの伝承を、元明天皇が太安万侶《おおのやすまろ》に命じて書きとめさせることによって七一二年に成立した。すなわち、天武天皇がそういうことを考えた理由は、太安万侶による『古事記』の序文に記されている。「諸家に伝えられている『帝紀』と『本辞』はじっさいとはちがういつわりを加えているものが非常に多いと聞くが、今その誤りを改めないと何年もたたないうちにその趣旨が滅びてしまうだろう」という危機感を覚えたためである。仏教が伝来し、遣隋使が中国文化を伝えるようになってからすでに百年以上もたっていて、当時の社会は相当めざましく変わりつつあったのだろうと想像される。

そして、『古事記』と『万葉集』が成立したということ自体が、中国文化の輸入が日本を大きく変えたことを証明している。それまでの日本にはそういうものを書きとめようにも、そのための文字がなかった。そこなわれつつある日本人本来の心を書き記すことも、皮肉にも中国から輸入されたものである漢字をなんとか使いこなせるようになってはじめて可能になったのである。

おおらかな解決策

日本人の甘えにたいしておおらかな心は、社会と心がそういうふうに母性的なものから父性的なものへと変化してくる途中で生まれたと考えられる。

社会と心が母性的なものから父性的なものへと変わりつつあるとき、かつて母性に包まれていた自我は、まだじゅうぶん強くなっていないにもかかわらず、ぎすぎすした社会のなかでひとり立ちしていなければならない。すると自我は心細く、さびしくなるので、もう一度、母性に包まれている状態に戻りたいという願望が生まれる。つまり、母親から離れはじめた一人の幼児の心の中に甘えが生まれるのと同じ仕組みで、母性から離れはじめた社会の人々の心に甘えが生まれるのである。

そして、社会と心はまだ母性的な部分を残しているので、じっさいに一時的に母性的な心へと戻っていける。人との関係のなかでお互いにそうなれば、あたたかくやすらいだ気持ちを分けあうことができる。それは心地よいことであって否定するいわれはないから、心は甘えにたいしておおらかになるのである。

もっと母性的な社会に住む人々の心は甘えを意識しないだろう。なぜなら心はじゅうぶん母性に包まれていて、さびしくなったりはしないからである。

一方、もっと父性的な社会に住む人々の心は甘えを認めることができない。自我は母性と離れすぎてしまっていて、もう一度それに包まれることが不自然に感じられてしまうからである。早い時期に父性的な心になってしまった西欧人や中国人の場合がそうで、彼らはそういう気持ちになることがあっても、それは「心がコントロールを失っている」とか、「退行してしまっている」などと意識されて、否定的にしか受けとめられない。

だから、日本人が甘えにたいしておおらかになったのは、日本社会と日本人の心が、ほどほどに父性的になっているがまだほどほどに母性的な部分を残しているという中間的な微妙な状態にあったからだろうと考えられるのである。

そして、「ヤクザなるもの」という原型はそういうなかで生まれてきたのだろうと思われる。

母性的なものから父性的なものへと変わりつつある社会に住む人々の心の中では、甘えたいという気持ちが全体的に高まっているが、その全部がおおらかに認められるわけではない。人々の甘えのすべてを受け入れてしまったのでは、父性的な社会の秩序は保てない。だから、そういう社会においては、人々の心は甘えを満たされることがある一方で、甘えたくても甘えられない状態にもなりやすいはずである。そして、それが個人や社会にトラブルをもたらすことも少なくないだろう。

須佐之男命が父親に命じられた仕事もせずに、「私は亡き母の国に行きたいのです」といって泣いていたのは、甘えたくても甘えられないために不適応を起こしている状態であり、天照大御神《アマテラスオオミカミ》に誤解されて荒ぶってしまったのは非行に走っている状態である。甘えにたいしておおらかな社会においてはそういうトラブルが多くあらわれるにちがいない。

そうすると、大蛇退治をする須佐之男命の物語は、甘えが原因で引き起こされるそういう問題がどのように解決されるかということを示していると考えられる。すなわち、荒ぶって罪をおかせば追放されなければならないが、抹殺されるまでのことはない。甘えられないために荒ぶってしまっているが、そういう心にもよいところがあると見なされて、それなりの役割が与えられる。つまり大蛇退治というはたらきによって社会に貢献することで罪を許され、社会の一隅に居場所を与えられるのである。甘えにおおらかな日本人の民族性が、そういうおおらかな解決策を見いだしたということだろう。

ヤクザが日本固有の存在であることには、およそそんなふうな理由があると思われるのである。

2　ヤクザの住む社会の構造

母性と父性の二重構造

そういういきさつでヤクザが住むようになった日本社会には、やはりそれなりに独特なところがあるにちがいない。では、ヤクザがいるということにかかわっている日本社会の特徴とはどのようなものだろうか。いいかえれば、日本社会にどのような特徴があるためにヤクザは社会のなかに居場所を与えられているのだろうか。

鍵になるのはやはり、日本人の心がほどほどに父性的になっているがまだほどほどに母性的な部分を残している中間的な状態にあるということだろう。それは社会の構造をどのようなものにしているだろうか。

もともと日本人が持っていた母性的な心というのは、すなおで開放的で感情の豊かな子どものような心である。本居宣長はそれを日本人本来の「やまと心」と呼んだ。そういう心が信仰するのは八百万神《やおよろず》をあがめる日本神道で、それが日本の原始的宗教である。

一方の父性的な心はおもに仏教や儒教や中国文化の影響を受けてできてきた合理的で抑制的な心で、そういう心が武士の世の中を作った。宣長にいわせれば、中国から取り入れた「さかしら心」が、やまと心をそこなわせたということになる。そういう心が信仰するのはおもに仏教で、それが日本の文化的宗教である。

中間的な状態にあるというのは、そういう両方の心をあわせ持っているということである。どんなふうに持っているかというと、あくまでも図式的なたとえであるが、だいたいコップの中の水と油のような二重構造になっていて、両方がごちゃごちゃに混ざりあってはいない。古い母性的な心は下の方に沈み、新しい父性的な心がその上に乗っていて、時と場合に応じてどちらかが表にあらわれてくるような状態だといえるだろう。

たとえば、おおやけの場面では父性的な心が表に出てきてきぱきと仕事をこなしているが、家に帰って妻と二人きりになれば母性的な心が浮かびあがってきて、まるで母親に甘える子どものようになってしまうといったようなことは、日本人にはさしてめずらしくない。そういうふうに一人の人間が別人のようになってしまうというのは、心の二重構造の典型的なあらわれである。

そういう二重構造はもちろん社会のなかにもいくらでも見られる。

日本には文化的宗教である仏教と、原始的宗教である神道が共存している。寺の隣に神社があり、初詣に行った善男善女が寺から神社へとはしごをしてもべつにおかしくはない。家のなかには神棚と仏壇が並んでいて、神棚の前でかしわ手を打つと今度は仏壇の前に座りこんで線香をあげる。神式で結婚式をあげた人間が、死ねば仏式の葬儀で弔われる。「あなたの宗教は?」と改めて問われるとハタと困るが、「たしか、うちは臨済宗だったと思います」などと他人ごとのように答えて、とくに矛盾は感じない。

文明社会のなかで父性的な心で生きているはずの日本人だが、何かの拍子に奥の方から古い母性的な心が浮かびあがってきて、古代人へと引き戻されるようなこともしばしば起きてくる。たとえば、科学技術の粋を尽くした超高層ビルを建てるにあたっても、神主を呼んで地鎮祭をおこなわずにはいられない。ハイテク車にも交通安全のお守りがぶらさがっているし、高層マンションの住宅でも、「鬼は外、福は内」と豆まきをするのである。客観的に見れば不合理で異様なことにちがいないが、日本人にとってはべつに不思議なことには思われない。

西欧社会などの諸外国にそういう二重構造がまったくないというわけではない。たとえば中部ヨーロッパには、先住民族であるケルト人の古い慣習や宗教行事などがキリスト教の行事のなかにまぎれこんで生き残っているといわれる。しかし、日本社会のようにミソもクソもいっしょということはない。

須佐之男命が父親の伊邪那岐命に、「母の住む国へ行きたい」といったことは、父性的な心に反発して母性的な心に戻りたかったという気持ちをあらわしている。そしてすでに見てきたように、ヤクザはどちらかといえば母性的な心を多く保っている人々である。そういうものであるヤクザが父性的な社会のなかに長く存続できてきたということは、右に述べてきたような日本社会の二重構造を抜きにしては決して説明できないだろう。

ホンネとタテマエの二面性

日本人の心の二重構造は対人態度にもあらわれていて、その一例をあげれば「ホンネとタテマエ」ということがある。人の心にそういう二面性があるのは日本人にとってはあたりまえのことだが、多くの外国人にとってはわけのわからないことで、日本人のわかりにくさを作っている原因の一つといわれている。

たとえば、日本人には人からものや金銭をさしだされると、たとえ受けとって当然のものであっても、「いやいや、そんなことをしていただいては困ります」といったん辞退し、「いや、これはほんの気持ちですから」などとしつこく押しつけられてからはじめて、「そうですか、それでは」と、しぶしぶ受けとってみせるような慣習がある。ホンネは飛びあがるほど喜んでいても、タテマエとして遠慮し、外側から見れば「やむなく受けとった」という形にしたがるのである。

この場合、ホンネが母性的な心で、タテマエは父性的な心だろう。相手が身内でもないと母性的な心は表に出せない。父性的な心はまだ未熟で、儒教や仏教の影響を受けているから、欲望をあらわにすることを恥ずかしいと感じる。だから遠慮してみせる。しかし、差し出す方は相手のそういう二面性がよくわかっているから、受けとってもらうまでしつこく強いて、途中で引っこめてしまうようなことはしない。そうやってわれわれの社会はいわば二面性をクッションにして、自我の取り引きというシビアな現実に直面せずにすんでいるのである。

西欧人にはそういう日本人の気持ちはほとんどわからない。「困ります」と辞退されれば、「なぜ困るのだろう？　わけがわからないが、困らせてはいけない」と引っこめてしまって、それきりになる。

甘えと同様、ホンネもタテマエも英語の語彙にはないが、それは西欧人がそういう二面性をあまり意識しないからである。同じ人間であるからもちろんそういう気持ちがまったくないわけではないだろうが、彼らにとってはそれは決してあたりまえのことではなく、むしろ悪徳や病理的なことととして受けとられてしまう。

なぜそうなのかというと、西欧人の母性的な心はすでに自覚できないほど深いところに沈みこんでいて、意識がほとんど父性的な心で占められ、その中心に自我がしっかりと立っているからである。

自我は個人をまわりの現実にうまく適応させるようにはたらくものだから、できるかぎりものごとを単純明快に受けとり、合理的に処理しようとする。だから、自我の発達した西欧人にとっては、白は白、黒は黒であってそれ以外のものではない。不合理なものやあいまいなものでも割り切って考え、どうしても割り切れないものは抑圧して意識から追放してしまう。つまり、二面性などというハッキリしないものとは相いれないようにできているのである。

そういう西欧人に多い病理現象に、「ジキル博士とハイド氏」に代表されるような二重(あるいは多重)人格がある。二面性を受け入れない西欧人の意識は、自分自身で認められないような考えや感情が心に浮かぼうとすると急いで抑圧して、そんなものはなかったことにしてしまう。すると、抑圧された考えや感情がだんだん心の深層にたまってきて、そこにあたかも一つの人格のようなものができてしまい、ついには表と裏がひっくり返るように人格が逆転してしまう。

その西欧社会にはマフィアやギャングがいる。

マフィアとは、「暴力的な威嚇によって多くの非合法活動をコントロールする犯罪者の組織」である。ものごとを合理的に割り切って考える欧米人にとっては、善と悪は白と黒のようにハッキリ異なるもので、決して重なることがない。アウトローは犯罪者に決まっており、そうした者の集団は犯罪組織にほかならないということになる。そこで、認められない考えを抑圧して意識から追放するように、アウトローを社会から追放せずにはいられないのである。

日本人にも二重人格の病理現象がまったく起きないわけではないが、西欧人にくらべれば格段に少ない。意識が二面性を受け入れてしまえば抑圧する必要もないから、そんなふうにはなりにくいのである。

そういう日本人の心の二面性は、日本の社会にマフィアやギャングではなく、ヤクザがいることと深く関係しているだろう。

アウトローでありながら任侠道をかかげて生きているヤクザほど極端な二面性を持つものはこの世にめずらしいと思われる。よいものだかわるいものだか判然としないそういうものが社会のなかにいるということ自体が、日本社会の二面性のもっともきわだったあらわれの一つなのである。日本人の心がおとなのようでも子どものようでもあり、ミソもクソもいっしょくたに飲み込んでしまい、タテマエの裏側にホンネを感じとるような二面性を持っていなければ、そういうヤクザの二面性は到底、受け入れられるものではないだろう。

3　ハレとケの棲み分け

賭博と博徒の起源

日本人の心と日本社会が二面性を持っているということは、日本人の心と日本社会には、金太郎飴のようにどこをとっても二面性があらわれるということである。だからヤクザとカタギという分類そのものもまたその二面性を構成する一つの要素だということになる。ヤクザとカタギの人口比を考えれば、ヤクザはごく少数に過ぎないわけであるが、それでも個々の日本人の心の中には「ヤクザなるもの」と「カタギなるもの」という二面性があるし、日本社会はヤクザ集団とカタギ集団という二面性で成り立っていると考えられるのである。

それではそのヤクザとカタギはどういう心理的関係にあるのかということを次に考えてみたい。しかしそのまえに、ヤクザの生き方をもうすこしハッキリ見ておかねばならない。とはいえヤクザが精神的にどういう生き方をしているかについてはすでにじゅうぶん見てきたから、今度はおもにヤクザは職業的にどういう生き方をしてきたのかをあきらかにしたい。それが問題を解く鍵の一つになると思われるのである。

ヤクザの大部分は職業からいうと博徒《ばくと》かテキヤだったのだから、まずはその一方の博徒から見ていこう。

賭博というのが歴史的にいつぐらいからはじまったのかはわからない。しかし、非常に古くからその芽生えのようなものはあったろうといわれている。

賭博のおおもとは卜占であると考えられる。古代においては、人知ではわからないことがらについては祭儀をとりおこなって神意を占うことでその判別がなされた。そういうことは神話や伝説のなかに記されていて、『古事記』のなかにもいくつかその例が見られる。そしてそれらのなかでもっとも賭博に近いものが、すでに見てきた須佐之男命の心の潔白を証明するために天照大御神との間でおこなわれた卜占である。

たんなる偶然かもしれないが、「ヤクザなるもの」の元祖はじつはギャンブラーの元祖でもあるわけである。ヤクザと賭博には深いつながりがあって両者は切っても切れない関係にあると考えてもよいかもしれない。

ともあれ、賭博は大昔から人々に親しまれてきた。起源が古いということはそれだけ人の心の深いところに根ざしているということである。そして世界中でなんらかの賭博をおこなわない民族はほとんど存在しない。民族や文化を問わず、人の心には賭けをおこないたいという非常に根深い欲求があって、それが賭博を発展させ、今日のような多様な賭博文化を作りあげてきたのである。

しかし、その賭博は為政者からはあまり好まれず、だいたい一貫して規制の対象とされてきた。わが国でもっとも古い賭博禁止令は六八九年に出された「禁断双六」の令であって、それは『日本書紀』にも記されている。その後、六九七年には双六のみならず賭博全般の禁令が出され、七〇一年の大宝律令でもまた同じ禁令が出され、以後も何度となく似たような禁令が出されつづけた。それは時代が下っても同じで、江戸時代には六回にわたって賭博禁止令が発令されている。それほどくりかえし禁止しなければならなかったのは、いうまでもなく、いくら禁止令を出してもまったく効果がなかったからである。民衆はお上の目をかいくぐって賭博をつづけ、時の流れとともにそれはますます盛んになった。

職業的な博徒はその過程のなかで生まれてきたと考えられるのである。いうまでもなく、そういう役割の者がいた方が効率よく賭博を楽しむことができたからである。

ハレの住人

民衆がどうしても賭博をやめなかったのは、どうしてもそれが必要だったからである。

人が賭博をおこなう動機は、意識のうえでは「勝って大もうけしたい」ということに尽きるのであるが、どんな賭博でももうかるのは胴元で、客は必ず損をするようにできていることは、ほとんどのギャンブラーがわきまえている。じっさい、賭博をつづけてみればそれはいやおうなく体験することだから、「もうけたい」という動機はあきらかに不合理である。したがって、ほんとうの動機は別であって、無意識的なところにあると考えなければならない。

ひと言でいえば、賭博は非常にリスクの高い遊びである。だからこそそれは人を破産させてしまうほどの魅力を持っている。

心理学の研究によれば、大きなリスクは人の心に高い覚醒状態を引き起こし、それはふつうは不快な不安として体験されるが、時と場合によっては快いスリルとしても体験される。賭博においては、命の次に大事な金銭が賭けられ、ギャンブラーは元手が倍になるかゼロになるかの凝縮された瞬間を体験する。それは心に高い覚醒状態を引き起こすが、好き好んですることだから、もちろん快いスリルとして体験される。

なぜわざわざそんなことをするのかというと、人間にはそういう本能的欲求があるからだというほかはない。

おとなだけではなく、子どももまたそういう遊びを好むのである。メンコやビー玉などの賭博的な遊びは教育的に好ましくないという理由で絶滅させられてしまったが、そのあとに流行したカード集めや「ガチャポン」にも賭博的な要素は含まれている。ＴＶゲームのなかにはさらに賭博的な覚醒と興奮が組み込まれている。おとなから賭博を取りあげることができなかったように、子どもの世界からもそういう要素を完全に締め出すことはできそうにないのである。

それでは、為政者が賭博の禁止にこだわりつづけたのはなぜだろうか。

昭和四十九年に大阪地裁で出された判例によると、賭博は「家庭崩壊をもたらし、社会風俗を乱し、勤労意欲を低下せしめるがゆえに」よくない行為であり、禁止されるのは正当であるということになっている。そのとおりかもしれないが、じつは賭博が為政者にとって好ましくない理由はそれだけではない。

賭博と権力はもともと合わないのだ。なぜなら、賽の目は権力をもってしてもどうにもならないからである。勝負のゆくえは神のみぞ知るという事実は、神意のもとに人は平等であるという考え方で受けとめるしかない。そういう考え方は権力を否定するようなものだから、賭博と権力は水と油のようになじまないのである。

つまり、賭博というのは本来、政治を成り立たせている考え方がおよぶ範囲外に位置するものので、そこに賭博という遊びの特殊性がある。そして、それを別の言葉でいうと、賭博は「ハレ（晴れ）」の遊びだということになるのである。

わが国には古来、「ケ（褻）」と「ハレ」という概念があった。ケとは現実的な日常性のことである。人々は田畑を耕したり商いをしたり物作りに精を出したりして一年のうちのほとんどをすごす。それは抑制を強いられるつらい労働のくりかえしであるが、世の中で生きていくためにはそうしないわけにはいかない。為政者が民衆に求めているのは、できるかぎり勤労意欲を発揮してそういうケの生活をまっとうすることなのである。

しかし人間は機械ではないから、三六五日をケですごすことはできない。一年に何度かは、息のつまるようなそういう生活から解放されて、心にたまった「けがれ」（この語の語源もケである）をはらい落とさないとやっていけない。それがハレであり、それはたいてい無礼講の祭（神ごと）という形をとっておこなわれた。ハレは現実を離れた非日常の世界の気晴らしだから、いつもは許されないことでも大目に見られてまかりとおった。そして賭博はもともとそういう無礼講の遊びの一つだったのである。

だから、賭博がハレのなかに封じ込められているかぎりは問題なかったのだが、人々はより多くの気晴らしを求めたから、それはともすればケの領域まではみ出してきた。為政者としては、それを黙認しているわけにはいかなかった。なぜなら権力と社会秩序はケの心によって支えられていて、むやみにハレが拡大すれば秩序の崩壊につながりかねないからである。

博徒がたずさわっていたのはそういうハレの遊びを取り仕切る仕事だった。心の世界をケとハレに分ければ、博徒はハレの領分の住人であり、カタギの人々はケの領分の住人なのである。

稼業ちがい

一方のテキヤは香具師《やし》とも呼ばれる露天商の集団である。彼らもまた博徒と同じように親分―子分の関係を核とする一家をなし、ヤクザ的なあり方をしてきた。

そういう集団がいつごろどのようにしてできてきたかについては諸説がある。

「香具師」はもともとは「コウグシ」と読んで、その名のとおり香具を売り歩く者たちだったという説がある。また、「ヤシ」は「野士」すなわち野武士であり、香具の行商を野武士がおこなったことから香具師を「ヤシ」と呼ぶようになったともいわれる。一方、「テキヤ」は「的屋」で、射的を業としていたところからきているという説も耳にする。しかし、それらはいずれも根拠が不十分で、テキヤの歴史的な由来については定説がない。

博徒は天照大御神をまつっているが、テキヤは神農黄帝をまつる。黄帝は紀元前三千年代の中国の皇帝だったと伝えられる半ば伝説的な人物だが、「神農氏は百草を嘗めて医薬を知り路傍に市を開いて交易を教えた」といわれ、薬関係の職神としてまつられることが多い。江戸時代の旧記には、「売薬をおもな業とするかたわら、さまざまな出し見世、床見世、大道見世、興業物などを商う路上の商人が香具師である」と記されているから、テキヤの商品の中心が薬だったことは事実らしい。

さて、そういうテキヤがヤクザである理由はどこにあるのだろうか。

博徒は御法度の賭博を業としているからアウトローにちがいないが、テキヤは露店とはいえ、商いという正業についているのだから、職業にはヤクザ性はない。じっさいに、「われわれはまっとうな品物をまっとうな値段で商っている露天商で、ヤクザではない。ましてや暴力団などと呼ばれるいわれはない」というテキヤの声を私は何度も耳にした。たしかに少なくとも職業上は、彼らがそういう意識を持っていても不自然ではない。その点でテキヤは博徒とはすこしちがうといえよう。

しかしその一方で、テキヤが集団の形や慣習、儀式やつきあいの仕方など、あらゆる点で博徒と似ていることも事実であって、実感としては両者を職業のちがいを超えてヤクザという枠に入れなければおかしいように感じられる。

たとえば、ヤクザの世界には「稼業ちがい」という言葉があるが、これは稼業のちがいが彼らにとって本質的ではないことを暗に示している。やっていることがちがうからまったく同じとまではいえないけれども、基本的には同じヤクザの世界の住人だと思っている――稼業ちがいという言葉の裏にはそういう認識が読みとれよう。

あるいはまた、博徒とテキヤは戦後の取締りによって賭場を開けなくなり、露店の営業を制限されて大きな変化を余儀なくされたが、その顚末からも彼らが精神的にはほとんど同じであることが読みとれる。どういうことかというと、多くの博徒とテキヤが職業を替えた結果、両者の間に重なる部分ができてきた。たとえば、もはや職業的には博徒でもテキヤでもなくなったヤクザが債券取り立てという同じ仕事をしているのである。稼業ちがいのちがいが外れて区別がつかなくなったということは、彼らがもともと本質的には似たようなものだったということを暗に示している。

そういうわけで、形のうえでは正業についているが、テキヤはやはりヤクザ性をおびた集団だと見られるのである。

ハレの商人

さて、それではそのテキヤは心理的にどういうもので、どこにヤクザ性があるのだろうか。

テキヤは商人だから、まずは商業のはじまりをざっとたどってみよう。

交易は物々交換からはじまった。たとえば、Aの集落では塩がとれ、Bの集落では米がとれるとき、互いの必要を満たすために交流して塩と米を交換したのが商業活動のはじまりである。

やがて貨幣が生まれてそれによる売買がおこなわれるようになり、市ができた。市には定期的に立つものと祭礼にともなって立つものとがあったが、はじめはすべて露店だった。定期的に立つ市の一部がやがて常設となって都市のなかに商業区域を作り、小売店が軒を並べるようになったのは、わが国においては中世も終わりに近づいたころである。

次にわれわれはどんな気持ちでものを買うのかということを考えてみよう。

ものを買う動機としては、「必要を満たさなければならない」という現実的な側面がある。食糧や塩やいろんな道具などは、生活に必要だから買うのである。

しかしそれだけではない。昔の交易に戻って考えてみればわかるが、そこにはもう一つ、あまり現実的ではない動機もあった。たとえば正倉院には、はるばるシルクロードを旅してきためずらしい西域の品々が納められている。人が交易へと向かった気持ちのなかには、見たこともないようなめずらしいものや美しいものを手に入れたいという現実的ではない欲求も含まれていた。人々はそういうものを手に入れて好奇心を満たし、幻想をかきたてられ、夢を描いてきたのである。

とくに閉ざされた生活空間で生きていた古代人にとっては、交易は異郷に触れることができるほとんど唯一の手だてだったにちがいない。山奥の集落に住む娘にとっては、美しい貝殻は遠い世界を思い起こさせるうっとりするような品物であり、その首かざりを手に入れて身につけることは特別の喜びだったろう。交易にはもともとそういう欲求に応える側面があった。

人が交易へと向かう動機にそういう二つがあったことに対応して、商いもまた現実的で日常的なケの商いと非現実的なハレの商いに分かれたのだと思われる。商業の主流はもちろんケの商いで、ハレの商いはハレの日の気晴らしの一つだった。じっさい、市にも定期的に食料品や日用品などが商われるケの市と、一年に何度かの祭礼の日に立つハレの市とがあって、売られるものの種類がまったくちがっていた。それは今日でもいえることで、縁日の露店で米や野菜や生活必需品を売るということは決してしない。ハレの市の商いは特別なものだから、人々の心をケに引き戻すようなことがあってはならないのである。

今日でもショッピングは娯楽の一つと見なされているが、ものを買うという行為にはもともと遊びとしての側面があった。そして商業のそういう側面をになってきたと考えられるのがテキヤである。彼らは、「ハレの商人」と呼ぶのがもっともふさわしい人々の集団で、だからこそ博徒ときわめて近いところに位置しているといえるだろう。博徒は賭博、テキヤは商いと稼業こそちがえ、彼らはともにハレの遊びを仕切ってきたプロ集団なのである。

幻術をつかう商人

ハレは息苦しい日常生活を離れた無礼講の場であるから、そこにつどう人々は現実的なきまりごとや堅苦しい枠組みから解放されている。だからふだんは御法度の賭博が黙認されて賭場が立ち、そこから博徒が生まれ出てきた。それはすでに見てきたとおりである。

同じようなことがテキヤについてもいえるだろうが、それではハレの遊びとしてのテキヤの商いとはそもそもどのようなものだったのか。

テキヤの商いの中心をなすと考えられているのが「コロビ」であるが、それは露店においていろいろな品物を「タンカ」を述べながら売るもので、「タンカバイ」とも呼ばれた。そのほかに広い場所を占めて、芸や話術で群衆を集め、薬などの品物を売る「大ジメ」があり、女や子どもを相手に口上なしで食べものやおもちゃなどを商う「コミセ」や、見せもの興行や化けもの小屋などをあつかう「タカモノ」があった。

それらのうちの「コミセ」はカタギの商いとほとんど変わりがないが、ほかはタンカが販売のおもな手段として使われるという点でテキヤ特有の商いだった。

タンカの目的はいうまでもなく弁舌による人心操作である。人々はプロのテキヤの巧みな弁舌に乗せられて、目の前のなんでもない商品をすばらしいものであるかのように錯覚し、手に入れなければ損をするような気持ちにさせられてつい買ってしまう。あとでわれに返ると、「だまされた、変なものを買ってしまった」と思うこともあるが、よく考えればべつに詐欺にあったわけではなく、値段からしてもほどほどの買いものだったと見られなくもない――タンカバイに乗せられて買いものをしたカタギの人間の感想はだいたいそんなところだろう。

店舗をかまえたカタギの商売なら信用がなにより大切だから、あとになって「だまされた」という印象を持たれるような商いをする店はやっていけないだろう。テキヤにかぎってそういう商いが成り立ってきたのは、人々が縁日の露店に求めているのは娯楽であって、損のない取引きではないからである。縁日の露店へと向かう善男善女はしばしケの世界を離れてハレを楽しみたいのであって、賢明でムダのない買いものをしたいわけではない。もしぜひともこれを手に入れたいと思ってしまうほどのみごとなタンカが聞ければ、散財はそれにたいする祝儀だったと思えなくもないのである。

テキヤの商いとはそういうもので、客にとっては買うこと自体がハレの遊びなのだから、テキヤの本質は商人であるよりはむしろそういう特殊な商いを演出する芸人であるという見方さえ成り立つ。

しかし、一般の商業倫理に照らせば、たとえば「一間半の大イタチ」と宣伝しておいて一間半の大きな板に血がついているのを見せるような商法は、詐欺のようなものだということになってしまう。テキヤが見かけのうえでは正業を営んでいるにもかかわらず、職業的にもヤクザの臭いがするのはそういう点においてだろう。彼らの本質はいわば商業における幻術師のようなものなのである。

ハレのなかでの棲み分け

以上のように博徒とテキヤはともにハレの遊びをつかさどることを職業としてきたのであり、両者の稼業のちがいは遊ばせる客層のちがいである。

博徒はハレの遊びの一つである賭博を取り仕切ったが、それは男の遊びだったから客は男である。一方のテキヤは露店を営んだが、その客はおもに女と子どもである。それだけのちがいで、ハレの遊びをつかさどったことに変わりはないから、そこにヤクザの棲み分けがあったとも受けとれる。

博徒もテキヤも、もとをただせばその土地の不良だから似たようなものだろうが、職業がちがえば精神的にいくらかちがってくるのも当然だろう。

男を相手に御法度の賭博をなりわいとする博徒にはそれなりのこわもてぶりが必要だろうが、

女や子どもを相手に商いをするテキヤにはむしろ商人としての才覚や如才なさが求められるというちがいがあるだろう。

職業の内容から来るもう一つの大きなちがいは、博徒は職人的な要素が強いが、テキヤは芸人的な要素が強いということである。

賭博も一つの文化で、賭場を仕切るには職人としての習熟が必要だということはすでに述べた。テキヤの商いも同じで、タンカバイにしても大ジメにしても大道芸としての要素が強く、マスターするにはやはり相当な修練が必要とされる。テキヤのタンカというのは完成度の高い芸なのであって、一朝一夕にだれにでもできるような種類のものではない。

娯楽が少なかった時代のハレの市の商いには娯楽性が強く求められたのであり、タンカバイやタカモノと呼ばれる見せもの興行などがそういう要求に応えていたのである。だから、「一間半の大イタチ」と宣伝して血のついた戸板を見せるのを詐欺的商法と見るのはあまりに一面的なのである。縁日におとずれた人々はじつはそういうシャレをも楽しみの一つにしていたのであって、わざわざ小屋がけまでしてそのオチを見せるのも芸の一つだったといえなくもない。要するにテキヤはハレの市のエンターテイナーなのである。

テキヤとはそういうものだから、もちろんすべての露天商がテキヤであるとはいえない。たとえば脱サラした人がはじめた屋台のラーメン屋はカタギの露天商であって、決してテキヤではない。テキヤを「常設店を持てない零細な商人」と見る見方はたぶんカタギの発想であって、あきらかに本質を見落としている。

テキヤはハレの商人だから露天商でなければならないのである。一年に何度か、忽然とあらわれて忽然と消えてしまう幻のような市でなければハレの市ではない。常設したとたんにそれはケのうちに組み込まれ、人々の心を晴れ晴れと解き放つハレの力を失ってしまう。

博徒もテキヤもハレを棲みかとし、ハレの仕事にたずさわってきたという点で同じであり、職業の面から見ればヤクザとはそういう人々だともいえるのである。

4 ハレのなかでのヤクザとカタギの関係

ハレを楽しむカタギの心理

須佐之男命が「母の国へ行きたい」といって泣いていたのは母性が恋しかったからだろうが、それを裏返せば父の国＝現実社会がいやだったからでもあるだろう。

たとえうまくいっていたとしても、人にとって現実社会というのは心底からやすらげる場所ではない。人の心がほんとうにホッとできるのは母性に包まれてまどろんでいるときであり、それはしっかりした自我を持つ人でも変わりはない。未熟な自我を持つ人ならそういう気持ちがなおさら強く意識されるだろう。だれにとっても母親の胸に顔をうずめていた時代が人生でいちばんやすらげていたはずなのだ。

だから、「母の国へ行きたい」というのは、だれの心の中にもある気持ちである。機会があれば人の心は母性に包まれたいのであり、じっさい人々はいろんな機会を見つけては母性の世界へと立ち返って、つかの間のやすらぎにひたり、楽しみにふけるのだ。

酒を飲むのもそうだが、賭博にふけるのもまたそういうものの一つである。そして、男は酒を飲んで賭博にふけり、女や子どもはおもしろい見せものに心を奪われたり無益な散財をしたりすることが許されるハレの日そのものが、じつは深いところでは母の国にほかならない。あるいは別のいい方をすれば、全面的に甘えの許される世界なのである。

賭博の心理については多くの研究があっていろんなことがあきらかにされているが、人が賭博にふける理由として研究者たちが指摘していることを見てみよう。

まずは「現実からの逃避」である。

賭場は現実を離れた空間である。そこへ入ったギャンブラーは勝ったり負けたりのスリルを味わい、そうしているうちに心は快い覚醒と興奮のなかへと入っていって父の国＝現実から遠く離れていられる。ストレスの多いケの生活を送っている人にとっては、そうやってわれを忘れて過ごす時間はハレの快楽なのである。

そしてもう一つ、しばしば指摘されてきたのは、「心理的退行による解放感」である。

賭場で興奮し、われを忘れているギャンブラーたちの心は、子どもが無心に遊んでいるときのようなものなのである。つまり、現実を離れた心は子どもになって母の国へ帰ってしまう。別のいい方をすれば、父性的なおとなの心から母性的な子どもの心に戻って、そのなかでくつろいでいる。それはたしかにそうで、おとなの理性や社会人としての分別を忘れて子どもに返っているからこそ大金のゆくえを偶然にゆだねることができるのである。もし賭場を離れて合理的に判断すれば、そんな無謀なことは決してできないだろう。

さらにもう一つ、人が賭博にのめりこんでやめない理由として指摘されているのが、「不合理な信じ込み」あるいは「認識の甘さ」ということである。

ほとんどのギャンブラーはどれほど負けが込んでいても、心の底では自分はいつか必ず勝って今までのすべての負けを取り返せると信じて疑わない。彼らは、「自分だけは確率論の外にいる」「自分は必ず必勝法を見つけだせる」「自分はとくに神に選ばれた人間のはずだ」などと信じ込んでいて、じっさいには賭博にのめりこんでいるために生活が苦しくなっているという事実を認めたがらないのである。

これもまたギャンブラーの心が母の国に帰ってしまっていることをあらわしていると考えられる。

父性的な心は合理的に考えてものごとを決めるが、母性的な心はそうではない。須佐之男命が卜占で身のあかしをたてたように、神意に判断をゆだねるのである。心理学的にいえば、母性的な心は自我が未熟で自立していないから、何を決めるにも絶対者としての神にまかせてしまうということになる。

賭場において勝負のゆくえを決めるのは偶然で、偶然は神意なのだ。つまり、ギャンブラーは心の深いところでは、賽の目の出方をとおして「神の託宣」を受けとっているのである。だから、勝つためには勝利の女神に愛されるほかはないのだが、彼らの心は母なる神（＝勝利の女神）にべったりと依存しているから、自分だけは特別に愛されているはずだと信じ切っている。

要するに甘え切っているのである。

すでに見てきたように、甘えとは「未熟な自我が母性からの分離に不安をおぼえ、母性との一体化の再現を強く求める心理」であるが、深いところでギャンブラーを動かしているのはまさしくそういう気持ちだろう。彼らは母の国へ戻りたくて賭場に出かけていき、子どもが母親の愛情を決して疑わないように、自分にたいする勝利の女神の特別の愛情を決して疑わずに賭けつづけるのである。

そしてアメリカの心理学者のＥ・バーグラーは、「病的なほどのギャンブラーの心の奥底には、じつは負けることによって満足感をおぼえている部分がある」という興味深い仮説を述べている。人によっては、自分がいろんな自然の欲求をおさえこまれて社会の一員にさせられているということを全面的には受け入れられず、心の深いところで社会や社会的権威にたいする反抗心をいだきつづける。人が賭博という不道徳な行為をあえておこなう動機にはそういう反抗心が隠されている。ギャンブラーは賭けることによって、社会を成り立たせている理性や規範や道徳を、そしてそういうものを押しつけた社会的権威を攻撃しているのである。しかし同時に彼はそういう自分にたいして罪悪感をいだいてもいるので、その攻撃には自虐的なところが混じってしまう。そういうわけで深いところでは、賭博で負けつづけることによって、「社会や社会的権威を攻撃したい気持ち」と「そういう自分を罰したい気持ち」の両方がバランスよく満たされているというのである。

この仮説がはたしてどれほど正しいかはわからないが、多かれ少なかれギャンブラーの心の中に社会にたいする反抗がひそんでいることはたしかだろう。そうでなければ御法度の賭場に足を運ぶことはできにくいと思われるからである。いいかえれば、ハレの賭場にいるカタギの人々の心の中には、自分たちがケに押し込められていることにたいする反抗がひそんでいるということになる。あるいは、母の国にいるギャンブラーの心の中には、父の国や父性的な心にたいする反抗があるといってもよいだろう。

一方、ハレの市に足を運んで見せものや買いものに興じている女や子どもの心の中も、右に述べたようなギャンブラーの心理と基本的には同じようなだろう。「現実からの逃避」があるだろうし、「心理的退行による解放感」も感じているにちがいない。散財をするにあたっては、「不合理な信じ込み」や「認識の甘さ」もすこしははたらいているだろう。テキヤのタンカにのせられて買わなくてもいいものを買ったり、「一間半の大イタチ」を見てしまったりするには、少なくともケの生活を成り立たせている合理的な考え方は引っこんでいなければならないのである。そして、そうやって遊んでいる気持ちのなかにはケの生活にたいするひそかな反感がかくされてもいるだろう。
ただ、ハレの市はべつに御法度というわけではないから、女や子どもの心の中のそういう心理はギャンブラーほど強くはないと思われる。女や子どもはわりあい気軽にハレを楽しめるが、そのぶん味わえる興奮もすこし低めかもしれないのである。

人気稼業

ごく大まかな見方をすると、賭場やハレの市に足を向けるカタギの人々は、深いところではかすかにグレている状態だと見ることができる。ふだんのケの生活では心を締めつけているタガが外れてしまって、うきうきと足どりも軽く、ちょっといけないこともしてしまおうといった気持ちなのである。

そして、そういうカタギの人々を待ちかまえていて、「さあさあ、どうぞいらっしゃい。われわれがご案内しますから、楽しく遊んでいってください」と遊ばせる仕事をするのが博徒やテキヤである。彼らはすでにケの生活を離れたハレの世界の住人だから、カタギの人々にとっては頼もしい大先輩ということになる。信頼してまかせておけば適当に遊ばせてくれて、いい気晴らしができるのだ。

要するにカタギの人々にとってヤクザはハレの世界の案内人といった役割なのだが、カタギの人々の心の深いところには今まで述べてきたような気持ちがひそんでいるから、両者の間は微妙な共犯者意識で結ばれることにもなる。わかりやすくいうと、ハレの世界が好きなカタギの人々にとってヤクザは「ちょっとこわいけれども、おもしろくていい先輩」なのである。さらに、心の深いところにケの世界にたいする反感をしのばせているカタギの人々にとっては、堂々とハレの世界を生きているヤクザがまぶしいような存在に見えてくることもあり得るのである。

当然、ヤクザはカタギのそういう気持ちにこたえる努力を怠らなかったものと思われる。私はヤクザの取材をしていて、「ヤクザは人気稼業だから」といわれるのを何度も耳にした。

たとえば関東のある博徒系組織の若手幹部は、

絶対におろそかにしてはいけないのは、常々、親分がいっているように、地元のカタギの人を大事にすることだと思っています。なんのかんのいってもヤクザはやっぱり人気稼業で、カタギの人に見放されたらやっていけないですからね。「役者とヤクザは一字ちがい」という言葉があるかどうかは知りませんが、私自身はそう思ってるんです。自分はいつもカタギの観客に見られていて、常日ごろどういう役がらを演じるかで、ヤクザとしての評価が決まってしまう。そして、それは自分だけでなく一門の評価にもつながってくるから、カタギの人にたいしては常にできるかぎりいい役がらを演じなければならない。それを自分自身、肝に銘じているし、若い衆にもそういう教育をしているつもりです。

そう述べている。そして、私は同じような言葉をあちこちで聞いてきたから、こういう意識はヤクザの人々のあいだではかなり一般的だといえると思う。賭場が開かれなくなった現在でもヤクザのなかにそういう意識が保たれているのだから、「カタギの人に見放されたらやっていけない」のは職業面だけにかぎらず、ヤクザの本質にかかわるようなことなのかもしれない。

たしかにテキヤは話術が巧みでなければならないし、客商売だから親しみやすくなければならない。博徒もまた、テキヤとはちょっとタイプがちがうだろうが、客にきらわれるようでは賭場もさびれるだろうから、どこかに人をひきつける魅力を持っていなければならない。ヤクザの仕事がそろってそういうものだったということは、任侠道というものを抜きにしても、ヤクザという存在そのものがカタギの衆の人気に支えられてきたことを示しているかもしれないのである。

ヤクザがカタギに人気がある、あるいはある種の魅力を持っているということのおもな理由は、やはりヤクザがハレの世界を生きてきた人々だというところにあるだろう。ケの住人にとってハレの住人は、深いところにある自分たちのかなわぬ願望をかなえている人々なのだ。だからカタギのギャンブラーから見れば、プロのギャンブラーである博徒は、博徒であるというだけであこがれの目を向けられる部分を持っている。そしてそれがヤクザをこの世で生きさせてきた理由の一つであるにちがいない。

ヤクザを「遊び人」と呼ぶこともある。彼らは遊びが得意だからその道のプロになったわけで、こわい面もあるから少し距離を置きはするけれども人気者でもあって、いっしょにいれば楽しい思いができる。たまに遊ばせてもらう相手としてこれ以上の適任者はいないだろう。

大衆はそういうものの存在を好み、支持してきたのであって、ヤクザもまた大衆のそういう要求に応えるべく技や芸や人格を磨いてきた。ヤクザが人気稼業であるというのは、ヤクザという存在自体が大衆の人気に支えられてきたということを意味している。そしてその深いところには、人気のない優等生が支配していて息がつまるケの社会にたいする嫌悪や反発がひそんでいるにちがいないのである。

5　ヤクザに甘える人々

任侠道とボランティア

さて、それでは職業以外のところでは、ヤクザとカタギの心理的関係はどうなっているのだろうか。

賭場や露店を離れたところでもヤクザとカタギはかかわりを持つが、第二章と第三章で見てきたように、ヤクザは任侠道という思想をかかげてカタギを助けるはたらきをするものだというのが、かつては日本人の常識だった。では、その任侠道の深いところにはヤクザとカタギのどのような心理的関係があるのかということをここですこし見ておきたい。

西欧社会にはボランティアという概念があって、一見すると任侠道とよく似ているように思われる。そこでまず両者を見くらべてみれば、そこから任侠道の独自性が見えてくるかもしれない。

恵まれない人々を無償で援助するという行為だけを見れば両者は非常に似かよっていて、現に私はヤクザが、「任侠道はボランティアだから」というのを何度も耳にした。しかし一方で、その任侠道についてヤクザが語るのを聞いていると、それがボランティアとは似て非なるものだということにだんだん気づいてこないわけにはいかなかった。

行為自体は同じでも、動機において異なるのである。すでに見てきたように任侠道はあきらかに情を主体としておこなわれる。ボランティアにももちろんそういう部分はあるのだろうが、それはあまり強調されず、かわりに「人間としての善の意識」が強調される。

ひと言でいうとボランティアは奉仕の精神でおこなわれる意思的な活動である。奉仕だからもちろん見返りは求められず、動機は純粋なヒューマニズムだということになっている。それはそのとおりなのだろう。しかし、心の深いところにはまた別の動機もあるだろうと考えなければ、いろいろな疑問に答えることができなくなる。

たとえば、アメリカでは程度の軽い罪人に刑罰としてボランティア活動が科されることがあるが、それはいったいどういうことだろうか。トイレ掃除は罰になるが、デートは罰にはならない。つまりだれでも心の底から喜んでするようなことは刑罰にはなり得ないのだから、ボランティアというのは、ホンネをいえばしたくないことなのだろう。

ホンネではしたくないことをあえて自分の意思でおこなうのだから、そこには自己犠牲の意識があるということになる。つまり自分で自分に刑罰を科しているようなものなのである。なぜそんなことをするのかと考えると、罪のないところに刑罰はないのだから、深いところには罪悪感があるにちがいないということになる。

R・ベネディクトが『菊と刀』で指摘しているように、西欧のキリスト教文化は「罪の文化」である。クリスチャンは自分たちの身代わりとなって十字架にはりつけにされた救世主の像に深くこうべを垂れ、「われらの罪を許したまえ」と祈るのである。それほどの罪の意識をかかえていれば、なるほど罪滅ぼしの一つもしなければ気がすまないのだろうと想像がつく。

西欧社会は父性の強いシビアな社会であり、父性的な心の中心にある自我はルールの許すかぎり自分の利益を追求する。みんながそうだから、深いところでは社会は奪いあいの様相を呈することになる。しかしそれではけだものと変わりがないから、人間であることのあかしとして、恵まれない人々になにがしかのほどこしをしなければならない。それが慈善というもので、ボランティア活動はそういうおこないの一つだろう。自我のむさぼりが深いところで罪悪感を生むから、それが善行によって解消されなければならないのである。

しかし、任侠道というのはそういうものではないだろうという気がする。

だいたい日本の文化は「恥の文化」で、日本人の心の中にそんなに多量の罪悪感がつまっているとは思われない。「すみません」は日本人の口癖であり、人にものをもらっても道を譲られても「申しわけない」と謝っているのは、むさぼるのは恥ずかしいことだと思っているからで、決して罪悪感が強いせいではない。罪という観念にたいして気楽だからいくらでも平気で謝れるのであって、罪を深刻に受けとめている西欧人は十字架のキリストにたいして以外にはめったに頭を下げない。

そういう日本社会に根づいている任侠道がボランティアと同じものだとは考えにくいのである。

割りにあわない取引き

それでは任侠道の裏側にはいったいどういうものがあるのだろうか。

ヤクザの声を聞いてみよう。前に引用したF氏は次のように述べている。

　そもそも、ヤクザの親分なんてのは、昔から町内の相談役みたいなもんだったんだよ。若い人の就職の世話や夫婦ゲンカの仲裁からはじまって商売上のもめごとまで、よろず相談うけたまわります、てな感じでな。

「親分、じつはこういうことで困ってるんですが、ひとつ力になってください」

カタギの衆が頼みにくる。それで、場合によっては身体を張るようなことにもなるわけだよ。そうすると、

「親分、お世話になりました。これはお礼というほどのもんじゃありませんが、気持ちですからひとつ受けとってください」

「いや、そんなことをされちゃ困るんだよ。カネのためにやったんじゃないんだから。持って帰んなさい」
「いや、そういうわけにはいきません。それじゃ私の気がすみませんから、どうかこれは受けとってください」
そういう押し問答の末に、菓子折りと多少の金銭を受けとるようなことはあったけどな。だから、昔の博徒の親分なんか、だいたいみんな清貧といえば聞こえはいいが、要するに台所は火の車という状態だった。よく考えたら、まあ考える必要もないけど、人助けをやっててカネがもうかるわけがないな。そうだろ？　こんなバカがつくほど生まじめな生き方をしてきたのは、ほかには坊さんぐらいだよ。

これを読んで思い出すのは、前に述べた日本人の心の二面性である。日本人にはホンネとタテマエの二面性があって、そこから遠慮するという態度が出てくると説明したのだが、それがこの話にもピッタリあてはまる。

つまり、ヤクザがカタギの人々の相談に乗って見返りを求めないというのは、多くの場合タテマエだということである。だからといって、もちろんホンネはじゅうぶんな見返りを期待しているというわけではあるまい。じっさいのところはあまり期待できないことが多いだろうが、かといってまったくの奉仕になることは少ないというのが日本人の常識なのである。

ヤクザにものを頼む方は、やってもらうからにはまさかなんのお礼もしないわけにはいくまいが、親分の俠気に頼るのだからじゅうぶんな報酬といえるほどでなくてもよいだろうと思っている。頼まれた方は、俠気でやるのであって決してビジネスのつもりではないが、ホンネのところではまさかまったくのタダばたらきということはないだろうと思っている。つまり、頼む方にも引きうける方にも相手にたいする多少の甘えがあるということである。頼まれた方は頼んだ方の甘えがわかるからひと肌ぬぐのであり、頼んだ方も頼まれた方の甘えを察しているから、「受けとってください」と多少の金銭を押しつけるのである。

ヤクザが求めに応じてカタギの衆の世話やきをするときの意識は、多くの場合そんなところだろうと思われる。ホンネのところに取引きが隠されているにしても、それはヤクザにとってはあまり割りにあわず、あわないぶんは任俠道で埋めるほかはないのである。

しかし、心の深いところではどうなのか。もともとヤクザはお人好しの側面を持っているのだろうなどと考えても腑に落ちないから、西欧人の罪悪感の代わりになるようなものが何かあるのではないだろうかとさらに考えてみると、御法度の賭場を開いていることによる罪悪感——津村会長のいう日陰ものの意識が関係しているかもしれないと思いあたる。

津村会長はヤクザの「縄張り」について次のように説明している。

縄張りというんは、昔なら村の境界で、ヤクザがお世話してあげられる生まれ故郷の範囲のことや。「死守り」ということもあるのは、その範囲のカタギはんの暮らしは死んでも守らなあかんという意味のことやで。そやから縄張りが大きうなったら、忙しいし出るもんも多くなるしで、すこしぐらい博奕の実入りが増えても、なんもええことあらへん。そやから、昔の博徒が縄張り拡張に鋭意努力したという話は聞かんのや。

第二章では、競輪場の警備を頼まれ、警備料をもらった宇山総長が勝浦親分から、「カタギの衆が困っていたら、助けるのがあたりまえだ。カネをもらう筋合いのことではない！」と怒られて給料を返上させられ、飲み屋やパチンコ屋からカスリ（用心棒代）を取っていることがわかっても即破門だったという話を紹介した。そういう勝浦親分の考え方も津村会長のこの説明と一致している。

つまり、土地のカタギの人々の世話をやくのはその土地に住みついて御法度の賭場を開いているヤクザの当然の役割であって、もともと報酬を求めるようなことではない。ヤクザはそういう役割を果たすかわりに賭場を開かせてもらい、目こぼしもしてもらっている。世話やきの報酬や用心棒代を受けとったのではただのアウトローになってしまい、胸を張って生きてはいけないから、報酬をもらってはいけないと考えられているのである。

そういう気持ちが任侠道の深いところにあって、西欧人の罪悪感の代わりになっているかもしれない。だから深いところにはやはり罪悪感があるといえなくもない。ただ、それは西欧人の場合ほど深刻な気持ちではないだろう。だからそのぶん任侠道はまったくの自己犠牲にはなりきれず、ホンネのところに多少の取引きが含まれるのだと考えられる。

そもそも須佐之男命も見返りに娘を要求しているのだから、大蛇退治にも取引きの部分が含まれていたのである。ただ、須佐之男命と櫛名田比売の結婚は、彼がべつに何もしなくても大喜びされるような縁組みだから、それは須佐之男命にとって割りにあう取引きだったとはとてもいえない。しかしそのおかげで彼は天照大御神に許され、すがすがしい気持ちになれたのだから、それでよかったのである。

ヤクザの場合も似たようなものだろう。タテマエは任侠道で、ホンネのところにはヤクザにとって割りにあわない取引きがある。任侠道をかかげているぶんだけ、つまり心の深いところに日陰ものの意識があるぶんだけ割りにあわないのだが、ヤクザはそのおかげでアウトローでも胸を張って生きていけるのだからやむを得ないと考えられているのである。

任侠道への甘え

しかし、ヤクザの話を聞いて集めたいろんな事例を見ていくと、どこから見ても純然たる人助けでしかないと思われるものも決して少なくないのである。

そういう一例を見てみよう。

前に紹介した勝浦会の宇山総長は地元のカタギの人々に信頼され、慕われる親分だった。その宇山総長にはヨネ子という姐さんがいたが、すでに亡くなっていて、私が取材におとずれたのはそれから一年半ほどたったころだった。宇山総長はその姐さんの思い出話をしてくれたのである。

宇山総長の話は次のとおりである。

姐さんは十五の歳で宇山総長と結婚し、三十五年間つれそって、若くして病に倒れて亡くなったのだが、その葬儀にはたくさんの人がおとずれ、会場に入りきれずに、表に会葬者の列ができた。あとで香典の袋を調べてみると、宇山総長のまったく知らない名前が五十人以上もあった。いろいろ手を尽くして調べて三十人くらいはわかったが、それはほとんど生前に姐さんに世話になったというカタギの人たちだった。しかし、一年半たってもどうしてもわからない人が二十人ほどいるという。

葬儀のあとも姐さんの死を伝え聞いておとずれる人が引きも切らなかったが、それも宇山総長の知らないカタギの人が多かった。そしてある日、一人の女性がやってきて次のような話をした。昔、どうにかしなければならない三十万円の借金がどうにもならなくなって、彼女は異郷の地の徳島で途方に暮れて泣いていたのである。背中には赤んぼうがいて、これも泣いていた。わけを聞いてくれた町の人が、

「それなら宇山さんのところへ行ってみるといい。あの人ならなんとかしてくれるかもしれん」

彼女にそう勧めて宇山総長の家を教えたので、彼女は藁にもすがるような気持ちでまったく見ず知らずの宇山総長の家をたずねた。すると宇山総長は留守だったが姐さんがいて、姐さんは彼

女の話を聞くと、すぐに彼女をつれて質屋へ行き、自分の指からダイヤの指輪をはずして、それで五十万円を借りた。

家に帰ってから、姐さんはその五十万円を三十万円と二十万円の二つに分け、

「この三十万円で借金を返しなさい。そして、生活が楽になってから、いつでもいいし少しずつでもいいから、わたしに返してください。こちらの二十万円は家に帰ってからの生活費です。これはわたしの志ですから返さなくてもけっこうです」

そういって渡してくれた。それで彼女は救われたのだというが、宇山総長はそんなことがあったとはすこしも知らなかった。

女はその話をすると、まだ床の間にあった姐さんの遺骨に手を合わせ、取りすがってはげしく泣いたという。

そういう話が他にもいろいろ明るみにでてきて、宇山総長は一門が誇りとする任俠道の心が姐さんの心に深く根づいていたことを思い知らされずにはいられなかった。

宇山総長はそういう話を聞かせてくれたのである。

この話に取引きや罪悪感という解釈をあてはめるのは、どう考えても無理があるような気がする。それよりは純真な善意と人情のあらわれと受けとった方がずっと自然だろう。

ヤクザにそういうことをさせているのはもちろん彼らの人徳であり、母性的ないつくしみの心だろうが、右の話について考えていると、そこにもう一つの別の要素がはたらいていることに気

がつく。それは、カタギの人々の心に宿っているヤクザにたいする強烈な甘えである。「任俠道の親分ならなんとかしてくれるかもしれん」というのはそれだけ信望が厚いということだが、裏を返せばそれだけ甘えられているということでもある。助けてもらった女にももちろん甘えがあったろうが、女から泣いているわけを聞いた町の人も、もしその気があればたとえ少しでも自分で助けることができたはずなのにそうはせずに宇山総長に預けてしまったのである。そこにヤクザへの甘えがなかったとはいえまい。

考えてみれば、ヤクザに任俠道の思想があるということは、カタギの人々にそれをあてにする気持ちがあるということである。

甘えの強い日本人は古来、自分たちの手におえない八俣の大蛇のようなものに苦しめられると、どこかから須佐之男命のようなものがあらわれて自分たちを救ってくれるにちがいないと信じてきたのかもしれない。

似たようなことでよく知られているのは、日本人が神風を頼みにしてきた気持ちである。元寇のときには神風が吹いて元の艦隊を追い払ってくれた。だから、太平洋戦争で米軍が攻めてくればやはり神風が吹いて追い払ってくれるだろうと信じていたが、いつまで待っても神風は吹かなかった。そこでやむなく自分たちで神風を作り出さずにはいられなかったのが特攻隊だったと解釈できるのである。

ヤクザの任俠道にもそれと同じことがいえるかもしれない。八俣の大蛇のときには須佐之男命があらわれて助けてくれた。だから、無力な民衆が苦しんでいるときには、だれか俠気のある者があらわれて助けてくれるにちがいない。そういう民衆の期待がしらずしらずのうちにヤクザの任俠道というものを生み出していったと考えられなくもないのである。

たっぷりと甘えを含んだカタギの期待にこたえてきたのはヤクザの「俠気」だろうが、それにたいしては現実的な見返りはない。ただ、それがあるからヤクザはカタギにとって人気のある存在でありつづけたとはいえるだろう。

第五章　ヤクザの現状とその深層

前章までに述べてきたのは伝統的なヤクザの心理である。ヤクザ社会は戦後、大きな変貌をとげてきている。そこで本章では、今日のヤクザ社会はどういうものになり、ヤクザの心のどこがどう変わったのかということを具体的にあきらかにしていきたい。

1　棲み分けの崩壊による変化

変貌の理由

ヤクザ社会が戦後どう変わったかということを見ていく前に、一つだけ知っておかなければならないことがある。それは戦後になってこれから述べるような変化がヤクザ社会に起きたのはなぜなのかということであるが、その理由は非常にかんたんで、ひと言でいえばカタギ社会が変わったからである。

カタギ社会とヤクザ社会はいわば母体と胎児、あるいは本体と影のような関係のものだから、カタギ社会が変わればそれにともなってヤクザ社会も変わるのは当然である。本体が変わっても影はもとのままということはあり得ない。カタギの人々は、「最近のヤクザは昔とちがう。任俠道などどこへやらの暴力団になってしまった」というかもしれないが、私は逆にヤクザの人々が、「最近のカタギの人たちはカネの亡者になって、義理も人情も忘れてしまった。われわれヤクザの方がよっぽどまともだ」と嘆いているのを何度も耳にした。そのどちらもほんとうだとすれば、カタギとヤクザはともに同じ列車の別の車両に乗って同じ方向に動いているようなものなのかもしれない。

カタギ社会が変わった理由はあきらかで、敗戦によって大日本帝国が崩壊し、アメリカに占領され、その権力によって日本社会の西欧化が強力に推し進められたからにほかなるまい。

日本社会はそれ以前に開国と明治維新を皮切りに、西欧化の大きな波をかぶってきている。しかしそれは一応、自律的な変化だったから、「和魂洋才」ともいわれたように日本人の心が根っこから掘りかえされるようなことはなかった。それにひきかえ戦後においては、敗戦とアメリカ人の支配によってそれまでの日本的なものが全面的に否定され、かわりにいや応なしにアメリカナイズを押しつけられるという大変動を体験しなければならなかった。それによって日本社会や日本人の心がすっかり入れ替わってしまったというまでのことはないにしても、戦前と戦後をくらべてみればやはりそこには大きな断層ができていて、ぜんぜんちがう社会になっているにちがいない。

カタギ社会のそういう変化がヤクザ社会にも反映されずにはいられなかった。それが、戦後のヤクザが戦前とはちがうものになったおもな理由であることはまちがいないと思われる。

社会的混乱

戦後のカタギ社会の変化は社会のほとんどすべての領域に及んでいるが、それはまず敗戦による社会秩序の崩壊と混乱からはじまった。それがヤクザ社会にどう影響したかを、津村会長は次のように述べている。

そもそも二十年八月の敗戦のときからヤクザは変わりはじめたんや。まず戦争に負けてメチャメチャになったんや。昔はヤクザの事務所なんかあらへん。親分の家が本家で、そこにみんな部屋住みしてたんやが、その本家が空襲でほとんど焼けて、みんな食うのが精一杯やから、博奕どころやない。産業もこわされたから、ほかの稼業もでけへんし、ほいで、しゃあなくて街へ出たんや。

博徒もただの不良も、ヤミ市の時代に街でやることは似たようなもんやから、なにがなにやらわからんようなごった煮状態や。わしかて例外やないで。終戦直後は石炭をかついで売って歩いたし、キャバレーの用心棒かてやった。

行儀作法をしつけられる本家も、盃事もなくて、街で不良とおなじ生活してたら、だんだんグレン隊とおなじようなもんになる。これはあたりまえや。

そこへ朝鮮戦争が起きてすこし生活が楽になって、そのころからようやく盃事も復活してきた。本家も新築されて、部屋住みもできるようになった。しかし、そこへ集まった若いもんたちを見ると、もう昔とはだいぶちがうようになっとった。たとえば仁義をきれる若いもんがほとんどおらんようになった。仁義どころかあたりまえの挨拶もできんような若いもんが増えたし、服装もちがってきた。戦前のヤクザが着るものといえばもちろん着物やった。若いもんの正装は「看板」ともいうて、一家の名前の入った印半纏や。背広を着てネクタイをしめたりはせんかったもんやが、それが〔昭和〕二十年代の後半には街の不良のようなカッコをしだすようになったんや。

しかし、一方でヤクザはヤクザらしゅうせなあかんという考えもあって、経済が復興するにつれてヤクザの体裁もだいぶととのってきた。二十七、八年にはわしはもう媒酌人をやってたが、けっこうあちこちから依頼がくるようになった。ところが、そうして体裁がととのっても、どうも中身がちがう。不良のような生活をしてきて、おまけに家族主義の崩壊やから、正味、衣食足りて礼節を知るということにはならんかったんや。

そのとおりだったのだろう。

当時、テキヤはヤミ市を仕切って空前の大繁栄を謳歌していたが、それももちろんそれまでのテキヤのあり方ではなかった。要するにヤクザ社会全体が終戦直後のメチャメチャのなかに投げ出されて安住の地を失い、「ごった煮状態」のなかに置かれたのである。そのために当時のヤクザはいろんな変化を体験しなければならなかったろうが、その一つに棲み分けの崩壊ということがあったことはたしかだろう。

博徒が賭場を開けなくなり、石炭を売って歩くようなことをしなければならなかったというのは、ハレの領域におさまっていられなくなり、ケの領域で生きなければならなくなったということである。そして、テキヤが縁日でのバイができなくなり、ヤミ市で食料品や生活必需品を売ったということも、たとえそれが大繁栄をもたらしたにせよ、心理的にはまったく同じことを意味している。すでに述べたように、食料品や生活必需品を売るのはケの商いであってハレの商いではないからである。

そして、棲み分けの崩壊は、津村会長がいっているように心理的には「ヤクザらしさ」の喪失をもたらしたろう。ヤクザの若い衆が「一家の名前の入った印半纏」のかわりに街の不良のような格好をするようになったということは、それを象徴するできごとだったと考えられる。つまり、この時点で一部の若いヤクザは心理的にも街の不良とあまり区別がつかないような者になったということである。

専業の喪失

終戦直後の混乱がおさまっても棲み分けはもとには戻らなかった。

経済が復興すると博徒は賭場を開けるようになり、ヤミ市がなくなるとテキヤは縁日のバイに戻っていって棲み分けもいったんは旧に復する流れにはなったのだが、一度はみ出してしまったものをすっかりもとに戻すことはなかなかむずかしかった。そして、それに追い討ちをかけるように当局の取締りが厳しくなって、やがてテキヤは露店の営業を大幅に規制され、博徒も賭場を開けなくなった。それが棲み分け復旧の息の根を完全に止めてしまった。

当局がヤクザから賭場や露店営業を取りあげたのは、要するにヤクザをつぶしたかったからだろうが、ヤクザ追放の方針を最初にハッキリ打ち出したのは戦後の支配者のアメリカ人だった。民主国家に改造すべき日本にヤクザのようなアウトロー集団が存在するのは好ましくないと考えられたのである。アメリカ流の考え方は合理的に白か黒かをハッキリさせるようにできていて、日本人と日本社会に特有の甘えの構造や二面性を理解するようにはできていない。そしてそういう考え方をあてはめればヤクザは黒だということになってしまい、つぶさなければならないという方針が打ち出されたのである。

しかし、賭場や露店がつぶされてもヤクザはつぶれず、博徒もテキヤもあらたにさまざまな非合法のシノギに手を染めていったり、合法的な仕事に活路を開いていったりした。終戦直後の混乱期に一度は通ってきたことだったし、すでにはみ出している部分もあったから、それはさほどむずかしいことではなかったのである。

まずは賭場にかわる非合法の仕事に手を染めていくという方向があって、たとえば競馬のノミ屋、管理売春、ドラッグの密売などがヤクザのシノギになっていった。それらの多くはカタギの人々の需要に応えているという点で博奕と共通するところはあったが、ヤクザのアウトローの範囲をいちだんと広げることになった。

一方、カタギの人々と肩を並べて正業を営むという方向もあって、金融業、不動産業、土建業、風俗営業などを中心としてさまざまな業種がヤクザのシノギになっていった。もちろんそういう仕事をするようになったからといって、ヤクザがカタギになったわけではなかった。ヤクザはヤクザのままだったが、それまでハレの領域に封じ込められることによってつちかわれてきたヤクザ本来の心——任俠道の精神や、日陰ものの意識といったもの——が薄らいでいかざるを得なかった。なぜなら、カタギの人々に混じってケの仕事をしていくことになれば、そういうヤクザらしさは不用であるばかりでなく、かえってじゃまになることが多いからである。土建業をやるのに日陰ものの意識は必要ないし、任俠道の精神を持っていたら金融業は営みにくい。

そのかわりに、ヤクザがそういう仕事をする場合には、ヤクザの持つ暴力性が最大限に生かされるというケースがあらわれるようになった。たとえば債権の取り立てや地上げなどがその典型で、ヤクザは暴力をちらつかせることによってカタギの企業には望めない効率を手にした。ヤクザの暴力性が、みずからの利益の追求のために弱者であるカタギの人々をおびやかすという、それまでにない使われ方をするようになったのである。

その結果、とめどなくヤクザらしさを見失っていったヤクザも一部にはいて、ただのアウトローに近いものとしてカタギ社会全体に散らばったのである。

暴力団化

すでに見てきたように、ヤクザのアウトローとしての側面は、それがカタギの衆に役だつ面もあるということで黙認されていた。博徒が賭場を開くのはカタギの人々が博奕をやりたかったからだし、ヤクザの暴力性は用心棒として土地の人々を守るためのものだった。そしてそのアウトロー性はハレの領域に封じ込められていて、ケの領域にはみ出してくることはなかった。ヤクザがハレの世界の住人だったということは、見方を変えればケの領域から隔離されていた状態だったといえなくもない。

ヤクザが賭場と露店という専業を失い、ケの領域にはみ出してきたことは、その隔離がはずされたということを意味している。それが、ヤクザの暴力性がカタギの人々をおびやかすという状態をもたらしたのである。

そしてそこまで行くと、それはもうヤクザではない、暴力団だという見方が出てくるのも当然である。

津村会長は次のように述べている。

昨今のヤクザを名乗ってるやからいうたら、なんやねん。暴力団やない、任俠団体やいうてからに、やってることを見たら麻薬を売ったり女の子に売春をやらせたり、地上げやら借金の切り取りやら、どこが任俠団体やと思うことが多すぎる。カタギの衆の世話やきどころか、はっきりいうて迷惑や。

ヤクザのシノギやいうが、そないなもんはシノギでもなんでもあらへん。カネもうけや。シノギいうんはもともと辛抱、我慢という意味やで。「飢えをしのぐ」いうんは、餓え死にせえへんギリギリのところで我慢してやってくということや。極道かてカスミを食っては生きられへんよって、食うためになんかすんのは、これはしゃあない。博奕の胴をとってしのぐんは、いくらお目こぼしでもご法度のことやから、そんなに大々的にはせえへんで。正味、シノギというにふさわしい規模や。

いうまでもないが、シノギやいうことはそれが極道の目的やないということでもあるんや。カタギとはちがう生き方にヤクザの生き甲斐も誇りもあるんやから、そもそもカネが欲しい、ええ暮らしがしたいとは思わん。そやから余分に稼ぎたいとも思わん。夜露をしのげる住まいがあって、飢えをしのげる食いもんがあったらそれでええというところを目指すもんなんや。

それがなんやねん。なんのために、世間様に迷惑かけてまで麻薬を売ったり地上げをしたりせなあかんのや。どでかい邸宅やら億ションやらに住んで、女を囲って、高級クラブやら料亭やらを飲み歩いて、外国の目ン玉が飛びでるような高い服を着て、キャデラックだのベンツだのを乗りまわして、抗争に備えるいうてマシンガンやら手榴弾やらをそろえとったら、そらなんぼでもカネが要るやろな。けど、そないなもんはヤクザでも極道でもあらへん、マフィアいうもんとちゃうか？

そんなんやったら、カタギの実業界やら政界やらとなんも変わらへん。いや、それ以上にカネ中心で、おまけに犯罪組織や。暴力団と呼ばれてもしゃあないやろ。

もっともな指摘といえるだろう。

もちろん私は、戦前までのヤクザがみんな津村会長がいうような模範的な生き方をしていたとは思わない。たとえば仏教の世界にも津村会長のような真摯な求道者がすこしはいるが、ほとんどの僧侶は現実となれあって、もっと世俗的でいいかげんな生き方をしている。おそらく戦前までのヤクザも似たようなもので、じっさいには大多数はもっとなまなましくカネが欲しい、いい暮らしがしたいと思って生きていたろう。いつの時代でも、人の住む世界がそんなにきよらかなものであるはずがない。

しかし、それを差し引いても、戦後のヤクザが津村会長の指摘するような方向に動いて戦前とはあきらかにちがうあり方をするようになったことはたしかだろう。そしてその理由の一つは、ハレの世界で生きてきたヤクザが追いたてられてケの世界にはみ出してこなければならなかったところにあると思われるのである。

それは深いところでは、ヤクザの心が従来のヤクザとしての抑制を失う方向に変わってきたということを意味するだろう。

戦後においては日本人全体が、戦前の封建主義と全体主義の重圧から解放されて自由を味わった。ヤクザもまたカタギ社会のそういう変化に対応して解放され、自由になったのだといえるのかもしれない。しかし、ハレの世界からはみ出さない抑制があるからこそヤクザだったということもあって、そういう見方をすれば、戦後のヤクザにはヤクザであることから逸脱する部分ができてきたともいえるのである。

2　家の崩壊による変化

企業化と組織化

戦後の日本社会がアメリカナイズされたことで大きく変わった点の一つに、家の崩壊ということがあるだろう。戦前の日本社会は家を単位に成り立っていたが、それは民主性に欠け、全体主義の温床になるという理由で否定された。かわりに植えつけられたのが個人を単位とするアメリカ流の個人主義である。

日本人の心のどのくらい深いところまでそれが根づいたのかはわからないが、少なくとも現在の日本社会に戦前の家族意識がそのまま生き残っているようには見えない。たとえほんとうの意味での個人主義が根づいたわけではないとしても、家の崩壊はまちがいなく起きている。そしてそれはヤクザ社会にも大きな変化をもたらさずにはいられなかったものと思われる。

なぜなら、ヤクザの擬似家族制は戦前までのカタギ社会の家族制度がモデルだからである。戦前にはカタギ社会においても家父長がほとんどすべての権力を握っていて、その家父長との親子の関係が社会のベースだった。国民もひとしく天皇の赤子とされたように、親分－子分と同じような関係もどこにでも見られた。戦前においてはまわりのカタギ社会がそんなふうだったからヤクザもそれにならった擬似家族制を作ったのであり、ヤクザの一家はそういう社会の一部としてとくに違和感のないものだった。

戦後、個人主義の世の中になってカタギ社会の家族制度は大きく変わったが、ヤクザ社会は個人主義では成り立たないから、戦前の擬似家族制がそのまま保たれた。ヤクザ社会はカタギ社会の変化の流れから取り残された形となり、時がたってカタギ社会に個人主義が根づいてくるにつれて両者の間のズレが大きくなってきた。戦後二十年、三十年とたつうちにカタギ社会の人々の心は戦前の家族意識を遠く離れてしまい、ヤクザ社会に入門してくる若者の意識もすでに個人主義になじんでしまっていたのである。

そういう状況のなかでヤクザ社会に何が起きたかというと、戦前と同じ擬似家族制の形だけは保たれているが、その内実が変わってくるという現象だった。

津村会長はそれについて次のように述べている。

親子の結びつきがヤクザの基本やったはずやが、家族制度の崩壊とともに、その基本が別のものに変質したんやな。それで何が起きたかいうたら、つまりはヤクザの企業化や。

親分－子分の関係いうんは本来、精神的なつながりでゼニカネとは無縁のものや。それがなくなって、かわりに武士の主従関係のようなものになったんや。武士の主従関係の基本にあるのは家族的なつながりやのうて禄、つまりゼニカネや。企業の上下関係なんかもそういう部類に入るやろから、親分－子分もそれと似たようなもんになったということや。

極道やったらなにをやってもあくまでもシノギで、本筋とは関係あらへんのやで。シノギに精を出すのはもちろんええことやが、それだけになってしもたらただの企業や。企業をやってんのは組織や。組織がビジネスに精を出してるだけやったら、極道はどこへ行った、一家はどこや、親はどないした、精進はどうなってんねん、いうことになるんとちゃうか？

じっさいに今の極道いうもんを見とったら、そないな疑問がわいてくることばかりや。

企業やったら利益を追求するのが目的やから、本来のヤクザのあり方とはまったくちがう。日陰なんかをテクテク歩いとったら商売にならんと思うやろし、目立つ方が宣伝になるから、どでかいクルマも乗りまわす。基本にあるのは欲望、ヤクザ同士はライバルということにもなるから、抗争もぎょうさん起きるわけや。で、クルマの窓からハジキをパンパン撃つようなことになる。そういうのがカタギはんから暴力団やと呼ばれるのは、これはしゃあないんとちゃうか？　わしかてそう呼びたくなるわな。

この津村会長の見方は非常に手厳しい。

現実には戦前までのヤクザも賭場や露店を営んでいたのだから企業としての側面は持っていたろうし、そうとなれば親分－子分の関係にも主従関係のような要素がぜんぜん混じっていなかったとは考えにくい。しかし、全体的にはやはりヤクザ社会が津村会長の指摘するような方向に動いてきていることはたしかだろうと思われる。

私自身が全国のヤクザを取材して話を聞いた印象としても、みずからを「一家の子分」と意識している若い衆よりは「組織の一員」と意識している若い衆の方がはるかに多かった。

組織だから繁栄をめざさなければならないのは当然で、そのためには皆が一致団結して、親分と組織のためにがんばっていかなければならないというのが、「今後の抱負をひと言」とマイクを向けられた若い衆の決まり文句のようになっている。

典型的な例をあげると、

これからの目標としては、なんだかんだいってもヤクザは力で、兵力と経済力がものをいう世界ですから、まずはそういうところからガッチリと固めていこうと考えてます。幸いうちは結束だけはどこにも負けないぐらいだと思いますから、みんなが一丸となって当代を盛り立てていきます。みんなもうそういう気持ちで張り切ってますよ。

ヤクザは力ですから、力のある組織作りをめざして厳しくやっていきます。しかしうちの若い衆はみんなまじめで、張り倒されるほどのまちがったことはめったにしません。たとえ張り倒されても歯を食いしばってついてくるのは、やはり総長と当代の魅力、代紋の重みだと思います。

といったコメントが圧倒的に多いのである。

こうした傾向をどう見るかはむずかしいところだろう。津村会長のように、こういう団体はすでにヤクザではないという見方もできるだろうし、ヤクザが時代に即応してあり方を変えてきているだけだという見方もできる。ただ、いずれにしても現在、ヤクザの意識が「一家の若い衆」を離れて「組織の一員」になっていることはたしかなのである。

上納金と役職の意味するもの

そういう変化は心の深いところでは何を意味するだろうか。

親分－子分の関係を結んで一家の人間になっているヤクザの若い衆の心は、基本的には家族のなかにいるのと同じである。すなわち母性的な親の心を持つ親分と情で結ばれ、甘えられている気持ちが深いところにあって、その上に厳しい修業や稼業へと向かう気持ちができている。たとえていえば商家に生まれた若者が親に愛情をそそがれて育ち、商売について教えられながら家業を手伝っているのと同じようなものだといえるだろう。

しかし、親分と主従関係で結ばれ、組織の一員である若い衆の心はそういうものとはちがうだろう。組織はゲゼルシャフト（利益集団）で、本質的に冷たくて乾いた集団である。組織を動かすのは父性的な心が作りあげた合理的で合目的的な組織の論理であり、情の結びつきや甘えといった不純なものは片隅へと押しやられる。組織力を最大限に引き出して効率よく利益をあげ、繁栄することがいちばん大切なことだと考えられ、個人の私的な感情はあまりかえりみられない。組織のなかでは個人は歯車の一つとならなければならないのである。

先に引用した若い衆のコメントからも、あきらかにそういう心理が読み取れる。「兵力と経済力がものをいう世界」のなかで、「力のある組織作りをめざして」がんばろうという考え方はたしかに組織の構成員の発想であって、決して家の子のものではない。

ヤクザの組織化を物語る変化はほかにも見られる。いわゆる「上納金」や「役職」がそれであるが、まずは津村会長の見解を見てみよう。

親が子のめんどうをみたり小づかいをくれたりすんのは親からすればあたりまえやが、子にしてみればありがたいこっちゃ。そないして無償の愛情で育ててもろたんやから、ひとり立ちしたあかつきには親孝行をしよう、恩返しをしたろと思うんは、カタギはんも極道も同じやねん。あたりまえの人情やから、「おやっさん、これ使うてくんなはれ」いうて親になんぼか持ってくんのはべつにおかしくもなんもあらへん。子のうちには景気のええもんもわるいもんもおるやろから、それぞれできる範囲でなんかしたらええんやし、カネを出すだけが孝行でもないやろ。

そやけど上納金いうて、きまりとして月々なんぼずつ上に納めるという話になると、ちいとそれは極道のやることとはちがうんやないかと思わざるを得んのや。親孝行は心や。その心をかたちにしたらカネにもなるやろけど、制度になるわけないと思うんやがな、わし。

極道は小僧寿司チェーンのようなもんやないねん。極道の代紋はフランチャイズの看板とちゃうはずや。カタギはんかて上納金に親孝行のイメージは持てへんやろし、極道のシノギが暴力団の資金源やいう警察の見方もそないなとこから出てくるんとちゃうか?

ほかにも極道としておかしいことはなんぼでもある。たとえば最近の肩書や。理事長・本部長・幹事長・なんとか委員長と長だらけで、あれ、極道というよりむしろ政党やないかと思うで。それにまた副やの補佐やの代行やのとくっついて、カタギはんが見てもどないな役目か、どっちが上か下か、わけがわからんやろ。

人間やからそら地位が欲しい、ええ肩書をつけて見栄をはりたいいう気持ちもわからんことはない。けどな、極道いうたら一応、そないなもんは捨ててきたということになってんねん。あそこまでこだわったら、なんやこれ、方向が逆やないかと思われるんとちゃうか？

大方の今の極道いうたらカネと地位・権力しか見えてへん。親分いうてからに、外国のどでかいクルマの後部座席にふんぞりかえって、若いもんにタバコの火までつけさせてたら、そら極道の親やない、殿様か社長かマフィアのボスや。

無償の愛情で育てられた実感がないから、親孝行をしたいという気持ちもわかんのやろ。そやから上納金のきまりが必要なんとちゃうか？　男を磨いて精進してるという実感がないから、おのれが極道やいうこと自体に誇りが持てんのやろ。そやからなんやわからん大げさな肩書が必要なんやないのんか？


上納金は会費あるいは組費として集められ、下から上へと流れていくもので、上部組織の最上部にたくわえられて運営費として使われる。そういうシステムというのはたしかに組織に特有のものだろうし、今日のヤクザの上下関係にカネでつながっている部分ができていることの証拠とも見られよう。今日でもそういう種類の金銭の徴収をまったくおこなわない一家一門もあるが、大勢はやはり徴収の方向へと流れてきている。

肩書が長いのも今日のヤクザの特徴で、たとえば、「〇〇会相談役〇〇会〇〇一家執行部〇〇三代目内〇〇組組長」「××会副会長補佐××一家××睦会総本部長××会××組組長」などと一次団体から五次団体にいたるすべてに役職がつけられているようなこともめずらしくない。そのことが示すように今日のヤクザにとって地位や序列は非常に大切なものであり、儀式のときに座布団の順番をまちがえたりすれば大問題に発展しかねない。それもまた今日のヤクザの意識が家の子であるよりは組織人になっていることを物語っているといえるだろう。

組織であるということは、すでに情で結びつく集団ではないということである。情の結びつきが片隅へと押しやられ、利益をあげて繁栄することがいちばん大切なことだと考えられる集団をヤクザと呼べるかどうかは、やはり疑問に感じられて当然だろう。

3　寡占化・系列化による変化

よろず屋からコンビニへ

戦後のヤクザの世界で起きたもっとも大きな変化は巨大組織による寡占化、あるいは系列化だろう。

戦前においては全国の土地土地に数百の博徒やテキヤが一家一門をかまえていたといわれる。それが戦後二、三十年たったころからいくつかの強力組織に吸収合併される動きを見せはじめ、昭和五十年代から平成のはじめにかけて寡占化・系列化の波がすさまじい勢いで全国に押し寄せた。そしてその大波が引いたあとには、もとからの一家一門は数えるほどしか残っていなかった。

そういう動きは近年までつづいていて、地方の小さな一家一門は一つまた一つと巨大組織に吸収されたり解散を余儀なくされたりして姿を消していった。

そういう変化もまた、戦後のわが国全体に起きた社会変化の一つであるといえるだろう。ヤクザの世界にかぎらず、強大な組織力による寡占化・系列化という波が戦後のある時期から社会全体に押し寄せたのであって、一般的な視点から見れば、「ヤクザの世界にまでそれが及んだ」といった方がむしろあたっている。

そういう例はいくらでもあるが、スーパーとコンビニはその典型だろう。

そういう動きがどのような心理的な変化に対応しているのかを、コンビニを例にとって考えてみよう。

コンビニ以前にそれと同じ役割を果たしていたのは、零細な個人商店としての「よろず屋」だった。今日でも地方へ行けば旧来のよろず屋がすこしは見られるが、コンビニ全盛の時代にあっては今や風前の灯であることはいうまでもない。

コンビニとよろず屋のちがいは形のうえでは組織と商家のちがいだろうが、そのちがいが店員と客の人間関係を別なものにしてしまう。

よろず屋の主人と客はつきあいのある地域の人間同士であり、店先での売買もそのつきあいの一環である。そこではお互いの信頼関係が重んじられていて、利益の追求という現実的な側面はあまり露骨には示されない。客は「わるいけどつけにしといて」と甘えることができるが、主人から「この新製品はよい品だから使ってみて」と勧められればむげには断れない。そんなふうに売買に人間的な情がからみつくのが旧来のよろず屋である。

一方のコンビニでは店長と客の間に個人的な人間関係は生まれない。たとえ知り合い同士でもいったん店に入ればプライベートな関係ではなくなって、無名の売り手と買い手という関係になる。なぜなら、コンビニの店長はもはや個人ではなく大組織の一員で、挨拶の仕方といった細部に至るまでマニュアルにしたがって接客しなければならないからである。チェーンのブランドにたいする信頼があるから、マニュアルさえ守っていれば個人的な信頼関係は必要ではない。

そうやって人間関係を切り捨てることによって、売り手は効率的に利益を追求できるし、買い手は気楽に無名の人間として買いものができる。テレビのCMでは客と店員の「ふれあい」のイメージも流されるが、それもまた戦略の一つで、コンビニの味気なさをそういうイメージで補っているとしか思えない。

したがって、コンビニが全盛を迎えている今の日本社会の精神的特徴をひと言でいえば、社会の組織化にともなう人間関係の希薄化ということになるのである。

コンビニは昭和五十年代後半から爆発的な増殖をはじめ、その他の業種の寡占化・系列化も本格化している。戦後三十数年を経て、わが国の戦後社会が組織化という輪郭をあらわにしたといえるだろうが、ヤクザ社会の寡占化と系列化もそれと歩みをそろえて進んだのである。

組織化の行き着く先

寡占化・系列化がヤクザ社会にもたらした変化も、コンビニの場合と基本的に同じだろう。

かつて全国いたるところにあった小さな博徒やテキヤの一家は、よろず屋のように地域社会の人間関係のなかに根を張っていた。その土地のカタギの人々との信頼関係の上に立って賭場や露店を営み、多少あやしげな商売はしているが信頼に足るあり方をしていて、カタギ社会と遊離した特殊な存在だったわけではない。

そういうヤクザ一家が系列化されると、コンビニと同じようにそれは組織へと変貌し、コンビニの場合と同じような理由で地域社会との信頼関係が薄らいだ。

かつての一家の親分は「わが町の親分」であり、「困りごとができたときに相談に行く人」という側面もあったが、それが大組織の幹部になったことで、「組織暴力をバックにした裏社会のビジネスマン」になった。カタギの人々のわが町の親分への信頼は薄らぎ、かわりに組織暴力団への恐怖と嫌悪が生まれたのである。

さらに、組織化がヤクザ社会の内側をどう変えたかということについてはすでに述べたとおりである。

現実に大組織においてはピラミッド形の組織系統図が描かれている。そうした組織化のなかでは、親子の意識どころか、そこに情や甘えといった人間的な気持ちが入り込む余地も非常に少なくなる。そのかわりに重んじられるのが組織の論理であるが、そのなかにおいては個人はもはや主役ではなく、歯車の一つにすぎない。任俠道や義理人情といったものも基本的に組織の論理にはなじみにくい。そうした人間性を抜きさって効率よく利益の追求をおこなうのが組織本来のあり方だからである。

寡占化と系列化によってヤクザ社会はそういうものに変化してきたと考えられるが、それは戦後の日本社会全体に起きた変化が必然的にヤクザ社会にも及んだということなのである。

そして、そういう変化がつまるところアメリカナイズで、日本社会が本来の母性的な社会からいくぶんか父性的な社会へと移り変わってきたことをあらわしているのだとすると、ヤクザが日本固有のヤクザであることをやめて別のものへと変貌してきているのだという見方も出てくる。

津村会長は次のように述べている。

戦前までの極道はちゃんと極道らしい見栄をはって精進してたさかい、暴力団やいわれるようなことはなかったんや。ゼニカネめあての犯罪をおかすようなもんは極道やないと思われて破門されたさかいにな。極道でおるかぎり、マフィアにはなりようがないねん。

それが暴力団やいわれるような状況になったんは、戦後社会のアメリカナイズの影響やろな。アメリカはアメリカンドリームいうて個人が欲望を追求すんのを肯定する国やさかい、戦後の国民がこぞってそないな色に染まった。本来逆のもんをめざしてた極道までがつられて任俠道のかわりに成功哲学を支えにするようになったんとちゃうか？

それやったら大問題やで。いくら神国日本いうたかて、カタギはんの世界はもともとカネが命の次に大事な世界や。アメリカナイズされても根本的にちがうもんになったというわけやない。けど、極道社会が欲望を肯定したら、そらもう一八〇度ちがうもんや。暴力団やのマフィアやのといわれてもしゃあないもんになってしまう。

じっさい昨今は「暴力団」から一歩進んで、「ヤクザのマフィア化」がしきりにささやかれてもいる。そういういい方が妥当かどうかは別として、外側から、あるいは津村会長のような昔かたぎのヤクザから見て、そう見えてしまう部分が現在のヤクザ組織にあらわれてきていることはたしかなのである。

4　守られる任侠の伝統

変わらない心

しかし、ヤクザのマフィア化がささやかれるような状況のなかでも、ヤクザ本来の心がまったく見られなくなったわけではない。外側から見れば暴力団にしか見えないようなシノギをしていても、よく見ればヤクザの心が残っているようなことも少なくないのである。

たとえば、金融業をシノギにしている組織の若い衆に親分について語ってもらうと、借金の取り立てに行きますよね。こういう世の中でそういう仕事をするからには当然、心を鬼にしなければならないんですが、親分がそれをするとどうしてもそうはならない部分ができてしまうんですね。本人が留守で、やつれた顔の奥さんに腹をすかせた子どもがまとわりついて泣いていたりするのを目にすると、親分は、「子どもに何か食わせてやれ」と、利息を取るどころか逆にいくらか置いてきちゃうんです。仕事としては困るんですが、そういう親分はやっぱりヤクザとして尊敬できる人だと思っています。

同じような例をもう一つ。

オヤジといっしょに集金に行ったときのことですが、亭主はおらんで、奥さんと子どもが二人いて、パッと家の中を見ると布団が一枚しかないんです。そのようすを見て、何もいわずに小づかいを置いて帰った人ですから。一枚だけのその布団を持って帰るやつもいるでしょうが、そういう人じゃなかった。アホやないかという人もおるでしょうが、自分は、「えらいな、この親分についてよかったな」と思いましたね。そういうことがほかにもいろいろあって、いっしょにおって思わず、「ありがとうございます」と声が出るんです。「何がや」とオヤジはいうけどね、ニコッとしてな。

似たような話はほかでも聞かれたから、こういうことは例外中の例外というわけでもないだろう。金融業というヤクザらしくないシノギをしているからといって、ヤクザらしい心がないとはかぎらないのである。

あるいはまた、正業を営むにあたってのヤクザの心構えが説かれるということもある。第二章で引用したC会会長のD氏は次のように述べている。

　根本的には、私たちの時代と今の時代とでは、ヤクザにかぎらず、社会全体に生き方のちがいというものがある。人間の生き方そのものが本質的にちがっていて、そこに大きなギャップがあるんだよ。

　昔は、楽をしてうまいものを食おうという、端的にいうと横着者の生き方をするような人間はそんなにはいなかった。もともとヤクザはそんな楽なもんじゃないからね。私らがこの社会に入ったころには、みんな食うや食わずのひもじい思いをしながら心意気だけで生きてたんだ。ところが、今はとにかく楽をしてもうけたいという風潮があって、そこのところからいろんな弊害が出てきている。

　そういうことになっちゃいけないから、私はみんなに、遊んで楽をしようという気持ちはなくして、まず足もとを固めろといってるんだ。「私も汗をかいてがんばっているからみんな<ruby>も</ruby>汗をかけ」というような教育をもうずいぶん前からしていて、それがうちの教育方針の柱の一つなんだよ。

だから、うちでは上の方の者はみんなけっこうしっかりした正業を持ってる。今後はそれを下の方の者にも徹底させて、とにかくなんでもできる仕事をやらせて、横着者の生き方だけはさせるなと教育している。

ただ、許認可の問題があって、われわれがいろんな会社を興そうとしてもなかなか許認可が出ない。そこがむずかしいところなんだが、うちはなんとかがんばって、各一家でちゃんとした会社を作って、ほんとうに正当な仕事をしている。ヤクザの会社にはハンデもあって、たとえばふつうの会社に頼めば二百万かかるものを百五十万くらいに安くしないと仕事をもらえなかったりするんだ。だから、ふつう以上に汗をかいて働いて、もうけを薄くして、余分な仕事をもらえるようにと努力したりするわけだ。楽してもうけようというような気持ちじゃとてもやっていけないんだよ。

D氏のこの話からは、ケの世界で生きざるを得なくなったヤクザがいかにしてヤクザらしさを保っていくかというところで苦心していることがうかがわれる。暴力団化という流れのなかで、本来のヤクザのあり方を保っていこうとする努力も見られるのである。

さらに、ほとんど組織の一員になりきっていると思われるヤクザの口から、ヤクザとしての自

負が語られるようなことも決して少なくはない。たとえば、関東の大組織に所属するある二次団体の若手幹部は、

われわれには、「俺はヤクザだ」といいきれるだけのプライドがあります。ヤクザの生き方には、日本人のいちばん大事な魂があると思ってますから。しかし現実にはヤクザは力がないとダメで、そのためには組織がしっかりしていなければなりません。しっかりした組織を作るには、何よりもまとまりが大切です。

また、関東の別の二次団体の若手幹部同士の対談では、

a　シノギも十年前、二十年前とはちがってきてますから、今後は力だけじゃなく、頭がますます必要になってくるでしょうね。

b　そう、頭を使えばうまくいくとは思うけど、カタギに迷惑はかけないとか、ヤクザとして恥ずかしいことはできないとか、そういうヤクザとしてのよき伝統はきっちり守っていかないとね。それから、効率化を考えると組織力の強化が必要だから、ヤクザも組織人としての自覚を強く持たなきゃならないのは当然だけど、あくまでも親分－子分の関係が基本だということを忘れてしまうとヤクザじゃなくなっちゃう。そういうふうに、よい伝統

は大切に残しながら、時代の流れを先取りしていかないといけない。

a　そう、それに団結。困難な時代だからこそ団結力が必要ですね。家庭なんか二の次にして、会と親分のためにという気持ちがないといけないでしょう。それが結局、自分のためにもなっていく。カタギ社会の会社員でも同じでしょうが、そういう気持ちでまじめに一生懸命やるのがいちばんでしょう。（筆者自身が取材構成した組織紹介記事からの引用）

ここで語られているのはあきらかに組織の一員としての自覚であると思われるが、その一方でヤクザとしてのあり方、生き方を守っていこうとする旧来のヤクザとしての気持ちがないわけではない。つまり、組織人としての意識とヤクザとしての心が混在しているのである。そして、現在のヤクザの人々の話を数多く聞いてきた印象としては、そういう意識の持ち主が圧倒的多数を占めていると感じられた。

系列化のなかの任侠の心

また、ヤクザ社会の寡占化・系列化は、全体としてはたしかにヤクザの暴力団化の一因としてはたらいてきたと思われるが、それにも百パーセントそうであるとはいいがたい面がある。

すでに紹介したようにC会は関東地方を中心として約千四百人（当時）の構成員を擁していた大組織であり、指定暴力団であるが、その会長だったD氏は次のようにも語っている。

人間は神様じゃないから、世の中全体でも一人の人間でも、すべて善であるということは不可能だ。だから世の中にはいろんなおかしいことや曲がったことがあって、争いごとが絶えない。渡世人もそういう世の中で生きているから、ほんとうにやむにやまれず血を流すようなことはあるが、人を斬ったり撃ち殺したりということを好んでやってるわけじゃないんだよ。少なくとも私はそういう生き方は絶対にしてない。何もいいことはないから、したいとも思わない。

国定忠治もケンカはしたけど、ケンカをしちゃいけないといつも心の中では思ってたにちがいないんだよ。ギリギリまでがまんをして、義を見てせざるを得ないのが侠客のケンカというもので、利権をめぐってぶつかりあうなんてのはギャングのすることだ。昔は常識だったそういうことが今の若い人たちにはわからないんだから、教育して、ほんとうのヤクザの生き方を後世に伝えなきゃいけない。それが私の務めだと思ってるんだ。

本来はヤクザには根っからの悪人はいない。全部とはいわないけど、根はみんないいやつばっかりで、ほんとうの悪人はヤクザにはなれないはずなんだ。どうしてかというと、ヤクザは人間としての情を何よりも大事にして生きてるんだからね。かわいそうな人を見たら手を差しのべずにはいられないような人間がヤクザになるんだから、外国のギャングのようなものとはぜんぜんちがうんだよ。

そのヤクザが最近は暴力団と呼ばれてわるもの扱いされてるけど、たしかにわるいんだ。話をすればわかることでも飛び道具を使ってかんたんに抗争をはじめて、あげくのはてにカタギの人を巻き添えにしたりしてるんだからね。みんなが暴力団になったというわけじゃないにしても、まともなヤクザはせいぜい二割か三割だろう。世間の人が、この人たちは役にたつ人たちだと思うのはその程度で、あとはみんな暴力団だよ。

われわれの仲間にも渡世ということをはきちがえている無法者がいっぱい入ってきて、そういう暴力団がいろいろと問題を起こしてるんだ。私はこれじゃいけない、こんなふうじゃこの世界の未来がなくなっちゃうと思って、努力を重ねていろんなゴタゴタを整理してきたんだが、なかなか整理しきれない。一つ済んだころにはまたすぐ次の抗争がはじまってしまったりするんだからね。

大系列の頂点の一つに位置する人物がこういう意識を持っていたということは、注目に値するだろう。「ほんとうのヤクザの生き方を後世に伝えなきゃいけない」という意識で率いられる組織が、百パーセント暴力団化するとはやはり考えにくい。

ヤクザのなかにも二、三割のまともなヤクザと七、八割の暴力団がいるというD氏の指摘は、細かいことを抜きにすればそんなものなのかもしれないと私も思う。あるいは、多くのヤクザの心の中に二、三割のまともなヤクザの部分と七、八割の暴力団の部分が同居しているということもあるかもしれない。いずれにしても、系列化のなかにいるヤクザが完全に暴力団になりきってしまっているわけではなく、たとえ一部にでもまともなヤクザの人々がいて、完全な暴力団化が食い止められていることはたしかなのである。

C会のみならず他の指定暴力団の大組織の系列下に入っている一家一門のなかにも、任侠道を強く意識して生きている人々がいないわけではない。関東のある地方都市を本拠としていたH組はその典型といえるだろう。

H組は三大組織と呼ばれる広域団体の一つであるG会に所属する二次団体だった。つまりH組組長のH氏はG会直系の幹部であり、立場からいうと現在のヤクザ社会の中枢部に位置していた人物である。

H氏はインタビューに応えて次のような話をした。

私はヤクザだからスジのとおったケンカはするが、ヤクザは任侠道であって、暴力を背景に金もうけをするような団体じゃない。だから、私はケンカ以外はいっさいわるいことはしていない。だいたい人の命は明日をも知れないんだから、それを思ったらいいかげんな生き方はできません。自分の信念をとおして生きられればそれで十分で、わるいことをしてまで金もうけをする必要なんかないんです。

H氏はそういう姿勢で今まで任侠道一筋に生きてきたという。
そのH組の事務所は簡素に作られていて、飾りのようなものはほとんどなかった。そして、百人以上もの若い衆がいてなかなかの大所帯だったのだが、ふつうならいろいろあるはずの役職がなかった。今どき非常にめずらしいことであるが、その理由をH氏は、

うちは昔からそういう体制です。なぜかというと、私にとってはみんな同じ大切な若い衆ですからね。役職のことで若い衆を競わせたり、他の者をさしおいて一人だけえらくしてしまったりするのは、私は好きじゃない。性格的にそういうのはダメなんです。

それでもあとになって九人からなる執行部を作って、執行部委員長を一人だけ置いた。ほんとうはそんなものも作りたくはなかったのだが、対外的にその程度はどうしても必要な事情ができて、やむを得なかったのだという。しかし、ほかの役職は何もない。若い衆を組織の一員にはしたくないということだろう。
そのH組の若い衆は次のように語り合っている。

a　組織は大きくしたい。それはみんな思っているはずだけど、「一人ひとりが侠客になれ」がオヤジの教えですからね。スジには厳しい。イケイケでもなんでもやりたい気持ちはあ

るんですけど、その前にまずスジがとおってないといけないから、曲がったことはできないということですね。

b　それがあるから私たちも好きなことはできない。しかし、それによって刑務所に行かないでこうして娑婆にいられる。親分が見てのとおりの任侠道ですから、私たちも決して暴力団にはなれませんよね。

c　bは自分の舎弟だけど、行ってみたら田んぼで稲刈りをしてたからね。東京の人にはちょっと考えられないでしょうけど、このへんだとそれがあり得ちゃう。

b　いや、私だってカッコはつけたいですよ。しかし、田舎には田舎のやり方があって、まず市民と一体化しないとやっていけない。東京の方から見ればカッコわるいとか服装がダサイとかということになるかもしれないけど、ヤクザの見栄やプライドだけでやっていったら市民がこわがって離れていっちゃう。逆に市民の感覚に合わせるような服装にならないとダメなんです。私の場合は女房の実家が農家ですから、田んぼ作りをいっしょにやってみようかと。そうすると近所の人も、「なんだ、あの人は？　見た目はちょっとおっかないけど、米を作ってんじゃないか」と興味を持ってくれて、向こうから声をかけてきてくれたりする。そのうちにお握りを作ってきてくれたり、ジュースを買ってきてくれたりという交流ができてくるんですね。それが、田舎でヤクザをやっていくうえでの一つの生き方だと思います。

a　そういう土地柄だからね。

c　いいんだよ、それで。いばりちらすのがヤクザじゃないし、土地に根ざした俠客の生き方ということでしょう。暴力団ならどこにいても同じだろうけどね。

俠客の意識を持つH氏に育てられた若い衆もやはり同じような意識を持って生きていると感じられた。上部団体のG会はもちろん指定暴力団であるが、そのなかにもこういうあり方をする人々がいる。それもまた現在のヤクザ社会の断面の一つなのである。

原点にとどまる一門

J会は、比較的小規模な地方の指定暴力団I会の二次団体である。すなわちJ会会長（親分）のK氏がI会の幹部なのだが、そのJ会もまた独特の一門である。

J会はもともとは独立した一門だったが、その初代がI会の初代と兄弟分になったのが縁で、I会に入った。そのJ会初代は五十歳になったときに舎弟たちとともに引退して二代目のK氏に代目をゆずり、今はそのK氏が当代として一門を率いている。

話をしてくれたのは、そのJ会の若い幹部のL氏だった。

初代は、男の生き方しか教えてくれん親分でしたね。組織のことなんかひと言も口にしなかったし、シノギなんてものも教えてもらったことがない。カタギからカスリを取るとか、そういうことはいっさいやらん人です。「懲役はいつでもその日から行ける準備をしておけ。カネなんてものは残しといたらためにならんぞ」という生き方です。動くのも気持ち一つで、計算抜きです。I会に入ったのも、「兄貴がさびしがっている」のひと言だったそうですよ。

その初代や舎弟たちのほとんどが今も健在で、引退しても「J会のOB」なのだという。

うちはカタギという言葉があってないようなもんなんです。ケンカになったら、カタギになった先代や叔父さんの方々がまっさきに現場に来とるからびっくりして、「なんでそこにおっとですか?」とたずねると、「おう、俺が行くけん」そういうんですから、こっちは立場がないですよ。

初代と二代目は、実の親子以上でしょうね。すべてを捨てて裸になった初代が二代目に、「すべてのうなっても、俺はおまえのために死にきるけんな」そういいますけんね。任侠映画にはいろいろ泣ける場面がありますが、もうそれを間近で見られますけん。そういうのを横で聞いてると、「この人たちにはやっぱり行かせられんな」と、こっちは思いますよ。

その初代と二代目がまた酒を飲んだらすごい親子ゲンカをやるんですよ。はじまると、「もうみんな出とけ」と若い者を全部追い払って、私だけ残らせて、ガチャンガチャンやるんです。考えられんような壮絶なケンカですよ。それだけ気持ちがほんとの親子なんですね。そういう気持ちの濃さという点ではどこにも負けんのじゃないかと思います。

そして、二代目とその若い衆の間も同じような親子の気持ちでつながっているのだという。

親分が味噌汁を自分で作って、魚から何から自分でさばいて、「おい、食うぞ」とみんなに食わせる。しかも自分が先に食うようなことはしない。末端の若い衆までみんなが席に座るまで待つ親分なんですよ。若い衆が何か作れば、「お、これは誰が作った？ うまいね」いうて、いちばん末端の若い衆と気持ちを合わせてくれる。メシのいいわるいなんていうたことがないです。

うちの若い者もまた、えらいと思うんですよ。何もないですけん、貧乏しかしたことがない。親分みずから、「今から貧乏するぞ」いいますけん。「今日は何を食うか？」「アサリがありますけど」「じゃ、それで味噌汁を作って、あとは塩サバでもあればいいか」そんなもんで、もう質素ですよね。

そういう親分の家に自然に人が集まってくる。親分の家なんて、ふつうは敷居が高くて足が向かんもんですが、うちは平気でみんなずらっと親分の横に坐ってる。アットホームというのはヤクザの世界では御法度の言葉かもしれんですが、うちはアットホームだなあと思います。

そういうJ会は、組織というよりまさに一家そのものといえるだろう。組織の機能性や効率などというものとはまるで無縁だろうが、そのかわりに親と子の、そして同じ釜のメシを食う者同士の情のきずながあるということだろう。

さらに話はつづいて、次のように結ばれた。

初代もそうでしたが、二代目も男一匹という気持ちで、組織の親分なんて気持ちはないんじゃないかと思いますね。若い者を増やそうなんて思ってないんです。ケンカになったら自分が行く気になっとるけん、自分だけでええと思うとるんでしょうね。「あとは頼んだぞ」なんて、人に責任を押しつけたりもせんですよ。頼むといわれても、何もないですけどね（笑）。

だいたい私ら若い者にたいして、「ごめんね」「ありがとうね」という気持ちしかなかですよ。義理事にいっしょに行くのに、「おう、運転してもろうて、ありがとうね」そういうんですから、めずらしかですよ。なんちゅう親分だろうかと思うときがありますね。

初代も今の親分も、座布団の位置だのカネもうけだのなんて、考えたことがなかですよ。カネが欲しかったらカタギになって稼げばいいと思ってるんでしょうが、今のヤクザの世界は変わってきてますから、むずかしくはなったですよね。最近は経済がともなわんかったら落ち目になっていくような傾向がありますが、うちはもうハナっから何もないわけです。

よそへ行ったら感じますが、今のヤクザの経済力はすさまじかものがありますね。私なんかは、いいクルマに乗ってビシッとしてるような組織の方々と話すときは、「あ、ちがうな」と思って、ものすごく負い目を感じることもありますよ。ただ、うちの親分にそんなことをいっても、「それがどぎゃんした?」で終わりになりますけど(笑)。男の哲学だけにはものすごくこだわりますが、あとは興味がないんです。

初代の舎弟の叔父さんが、「ここにおってもいいことなんてこれっぽっちもないぞ」そういうんですよ。「なんでですか?」「俺たちが三十五年間おって、何もなかったんじゃけん、これから先もあるわけがない」「そうですね」と納得しますが、そういう叔父さん方々がカタギになってもまだOBとして来てるぐらいですから、やっぱりちがうところでものすごく魅力があるんです。

今は、うちのような一門は少ないでしょうね。私は三十六歳にして、「ヤクザというのは何か?」と問われたら答えられんですが、ヤクザというのはもともとはこういうもんじゃないかと思うこともあります。親分の家に一日、いっしょにおるでしょう。いつも笑いがあって、そのうち酒になって、最後は親子ゲンカになって終わる。朝になって行ってみると、親分の顔にはまだ「酒」と書いてある。「昨日のこと、覚えとられますか?」「うーん、ちょっとはな」そんな感じですね。
「自分はなんでこげな男についたのか？　もうやめた、足を洗う」と、何回も思ったことがありますよ。しかしそう思いつつ、どんどん深みにはまっていってしまう。「ほんとにもう、この人たちに出会わなけりゃよかったのに」と恨むですよ（笑）。

まさに情の結びつき以外には何もない集団といえるだろう。話のなかには任俠道にかんするようなことは何ひとつ出てこなかったが、それでも集団のあり方についていえば、「ヤクザというのはもともとはこういうもんじゃないか」という感想は決して思いちがいではないような気がする。系列化が進められ、組織化と営利集団化が当然のものとなっている昨今のヤクザ社会のなかにも、ヤクザの原点にとどまりつづけているこういう一門があるのである。

縁日を守る人々

一方、テキヤの世界にも昔ながらの露店の灯を絶やすまいとして努力している人々がいる。どういうことかというと、規制を受けているということもあって、今日では露店のバイは効率のいいシノギにはなりにくいのだという。ほとんど利益を生まないばかりか足が出ることもめずらしくないから、利益を優先するなら露店をやめてほかのシノギをしていた方がずっといい。しかし、テキヤが露店を出さなければ祭りや縁日にはならないから、地元の人々の気持ちを考えれば損を承知で店を出さずにはいられないこともあるという。

テキヤの世界も系列化が進んでいるが、指定暴力団の広域大組織に所属している一門にもそういう親分が少なくないのである。

テキヤ系の指定暴力団M会に所属する関東のある親分は次のように語った。

うちはテキヤで、この辺も小さな町でお祭りがありますから、露店を出しますよ。商売にならないからといって、テキヤの露店が出なかったらやっぱりお祭りにはならないし、それじゃ日本人の心から子ども時代の貴重な思い出が一つ、消えてしまうことになりますから。テキヤとして、露店の灯だけはなにがなんでも守っていかなきゃと思います。

バイの方は何人か責任者を置いてやってもらってますが、自分が好きだから見てまわるんですよ。なんで来てんだっていわれますけど（笑）、ちっちゃい子が目を輝かせて金魚すくいなんかやってるのを見るのが、テキヤとしての私の活力源なんです。

そして、同じ系列に属するもう一人の別の親分は、

露店というとなんとなくまがいものを売ったりするようなイメージがあるかもしれないけど、そういうものであっちゃいけないと思う。稼業としてやる以上は誇りを持ってやらな

きゃという気持ちでいます。長年バイというものにたずさわってきて、おこがましいようだけどやっぱりわれわれはお祭りのプロデューサーなんだと実感しますよ。子どもには夢を売り、おとなには昔の思い出を売る。日本の祭りというのは露店があってはじめて成り立つんで、なんのかんのいったってわれわれがいなかったら祭りにならないんだから。われわれはヤクザではあるけど、そういうまっとうな正業にたずさわってるという自覚はあります。

テキヤの場合は今日、露店を出してバイをつづけていること自体がいくぶんかは任侠道としての側面を持っているといえるかもしれないのである。

現代の侠客

津村会長が述べているような戦前からのヤクザの生き方をかたくなに守りつづけている人々がいないわけではない。カタギ社会がそうであるようにヤクザ社会にもいろんな人がいて、みんながみんな一色に染まってしまうわけではないのである。

そういうヤクザの人々をたずねて話を聞いてみると、やはり彼らの心の中には昔ながらの義理人情や任侠道が豊かに息づき、地元のカタギの人々としっかりと結びついて生きていることが実感された。ここでその代表的な一例をあげておこう。

前にも紹介した唐津の西部連合・西山久雄総裁はそういう昔かたぎのヤクザの典型であり、現代の侠客と呼ぶのがふさわしいような親分だった。

彼は折りにふれてみずからの思いを書き記し、それを額に入れて壁にかかげていたのであるが、昭和三十年八月、終戦十年目を迎えての心境を、「勧善懲悪」と題して次のように記している。


道徳に反したり悪質な行為をおかす族《やから》には、身をもって鬼神と化して戦い防ぎ、人々には仏の心で接し行動し、神の如く正しく物心を判断し、我れ、難儀な人の為に、

「法は欠いたが、未だ人の道はおかさず」

物事を善く把握し、困った人達に援助を惜しまず、狡や欲で活動する勿れ、此れ義侠心に有らず。此の道を極めるには、遠く険しい無限の道なれど、我れ郷土を慈しみながら、迫害や偏見に臆せず、真の道理を通し、此れを守り望まん。


このとき西山総裁は二十七歳で、一家を立ちあげる前であるが、自分は法をおかしはしたが人の道はおかしていないという自負に支えられて、非常に強い正義感と求道精神が表明されている。

そして、昭和三十二年三月二十六日、二十九歳の誕生日には、

幼少より国の為死するは男の本懐なりと学び育つも、昭和二十年八月十五日、国破れ、此の教え使う事なく断たる。故に、我れ他に歩む道知らず、他になす術学ばず、我れ郷土を

愛し捨て難く、戦後の混乱に立ち向う最中、有識者の方々の総意により、何とか此の街を悪から守って欲しいとの要望により、我れ己を殺し、社会の敵と戦う事を決め、此の道に沈み、郷土を守ることを決意す。

これは一家を立ちあげた翌年に書かれたもので、ヤクザとして生きる決意が述べられている。人々の求めに応じて社会の敵と戦い郷土を守ることが使命だというのは、まさに地域の用心棒としてのヤクザの意識そのものといえるだろう。

もちろんカスリなど取ったことはなく、仕事の依頼でも、「スジのとおらん話やったら、目の前に見上げるほどの札束を積まれてもパーンと蹴りますけん。かっこよかですよ」（西部連合幹部）という西山総裁は唐津のカタギの人々に信頼され、熱烈なファンも多かった。

その後、西山総裁は熾烈な抗争を体験する。西山総裁自身は、「カタギの皆さんに迷惑をかけるちゃ、ほなこつ身が引き裂かれる思いです」という気持ちだったというが、そのカタギの衆がわっと総本部に押し寄せてきて協力を申し出た。陣中見舞いの米や魚や野菜があふれたばかりではなく、大広間に泊まり込む者もいたし、なかには「カタギですけん、刑も軽かですけん」と鉄砲玉を志願する者までいて彼を困らせたという。

西山総裁の自宅を兼ねている三階建ての総本部は玄関先から階段を上がって三階の大広間にいたるまで、おびただしい数の骨董品や美術品で埋めつくされ、さながら博物館のようだった。鎧冑や仏像や焼き物があり、マンモスの牙まであったが、西山総裁自身が買ったものは一つもなく、彼の世話になった人々がお礼の気持ちにと持ってきたものだという。その人がまたおとずれたときに自分の贈り物が見えなかったらさびしい思いをするだろうからと、西山総裁はそれを全部並べておいた。なかには夜店に並んでいそうな置物がさりげなく置かれていたりしたが、西山総裁にいわせれば、「ものの値段やなかとです。すべてにくれた人の真心がこもっとりますけん、決して分け隔てはできんとですよ」という気持ちなのである。

唐津神社の例大祭「唐津くんち」が催される十一月はじめの二日間はその総本部の大広間が開放され、おとずれた人々に三十キロもあるようなくんち名物アラの煮つけがふるまわれた。引きも切らずに多くの市民がおとずれて舌鼓をうったが、唐津には総本部をおとずれて西山総裁の顔を見なければくんちを祝った気がしないという人が多かったという。

その西山総裁が「俠僧」を名乗るようになったのは、旗揚げからおよそ三十年ほどたったころからである。

思うところがあって、隠退してそのまま出家をして、今までとはちがうところから世の中に尽くしていきたいと、いったんはそう決意しよったとです。それは現実のいろんな事情があって許されんことでしたが、そういう気持ちですけんね、これからは在家の僧として生きようちゅう思いで、「唐津俠僧」を名乗るようになったとです。

というのである。
そのころの『人生行路』と題された文書には次のように記されている。

出合って－別れ、泣いて－笑って、食べて－飲んで、眠って－起きて、喜び－悲しみ、嘆き－楽しみ、見て－聞いて、学び－遊んで、春・夏・秋・冬が無情にも何事も無かったかのように流れ去って行く。

能の力・言葉の力・行動の力、人々にはそれぞれの生き方があり、自由があるが、安らぎ・優しさ・穏やかさなどの至福の波動を受けながら、自分の向上に励むものだ。空しさを知り、淋しさを味わい、悲喜交交《こもごも》の歳月を経て、良いも悪いも、やがて人生の定めが訪れて来る。

自分の人生は一度しかなく、儚いものだ。だが、悔いのないように道筋を示し、行動し、誠意と信頼、真実と理想、そして決断力と実行力を身に付けて、正しい事への主義主張を貫ける男であれ。

任俠道がきわまって仏教的な諦観に至ったものと理解されるが、現代における希有な俠客の生きざまだったといえるだろう。

民族の心のしぶとさ

戦後の日本社会に起きた変化を大ざっぱにひと言でいうと、アメリカナイズということになるだろう。つまり西欧化であり、父性化であり、個人主義化であり、組織化でもある。大日本帝国の崩壊から七十年以上の歳月をかけて、日本社会が一貫してそういう方向へと動いてきたことはまちがいないだろう。

それがヤクザ社会にも及んでいるのは当然のことであって、じっさいにどういう変化があらわれているかはすでに見てきたとおりである。すなわち企業化であり、組織化であり、系列化であり、それは同時に親分－子分の関係の主従関係化でもある。そして、それにともなって戦前までのヤクザとカタギのもちつもたれつの関係が崩れさり、ヤクザがカタギの人々の支持を失って排斥されるようになってきた。

その結果、今日では一般市民が表だってヤクザとかかわりを持つような機会はほとんどなくなってきている。ふだん生活しているかぎりでは、ヤクザはすでにこの世から姿を消してしまったかのような錯覚を覚えるほどである。しかしその一方で、さまざまな「暴力団の犯罪」がマスコミをにぎわせている。そういう状況を見れば、ヤクザのマフィア化ということが多くの人々の脳裏をかすめるのはやむを得ないことだろう。アメリカ社会にいるのはマフィアなのだから、日本社会がアメリカナイズされればヤクザがマフィア化するのは必然のなりゆきだという考え方も成り立つのである。
しかし、少数派ではあるが、いま見てきたようにあえてそういう流れにさからってヤクザ本来の生き方を守っていこうとする人々がいる。一方ではたしかに、「振り込め詐欺」をはたらいたり悪質なヤミ金融を営んだりするような犯罪組織化したヤクザもあらわれてきてはいるが、現時点ではそれもまた例外的な少数派にとどまっている。それでは両者の中間に位置する多数派はどうかといえば、形のうえでは戦前のヤクザのイメージから大きくかけ離れているにもかかわらず、ヤクザとしての意識を完全に置き去りにしてしまっているようには見えない。表面に近いところではマフィア化の兆候すら見せながら、深いところではやはりマフィアとは似て非なるヤクザでありつづけているといえるだろう。

考えてみれば、ヤクザはすでに見てきたように深く民族の心に根ざしているのであり、民族の心というのはそんなに急速に根底から変わってしまうようなものではあるまい。西欧化された現代社会への適応を迫られて形を変えることはあるにしても、日本人が節分の豆まきやお月見をすっかり忘れ去ってしまわないかぎり、ヤクザはやはり根底においてはヤクザでありつづけるのではないかと思われる。それがじっさいに数多くのヤクザの取材をしてきた私の印象である。

第六章　ヤクザをどう受けとめるべきか

暴力団と化したヤクザにどう対処するかということは今日の日本社会に課せられた重要な社会問題の一つになっている。そこで本章では最後に、われわれ日本人はヤクザをどう受けとめるべきかということについて私なりの考えを述べておきたい。

1　暴力団追放運動の功罪

暴力団追放運動の心理的背景

かつてヤクザはカタギの人々に支持されることによって、土地土地のカタギ社会に深く根づき、社会の一隅に居場所を見いだしてきた。任侠道をかかげ、義理人情を重んじるヤクザの生き方は甘えにおおらかな日本人の心にかなっていて、侠気のあるヤクザは大衆に信頼され、人気のある存在でもあった。

前章までで見てきたように、今日においてもヤクザとカタギのあいだのそういう信頼関係が完全に失われたというわけではないのだが、大勢としてそこなわれてきていることはまちがいあるまい。

その理由の一つとして、戦後の日本社会が大きく変化するなかで、日本人の心も変わってきたということがあげられるだろう。社会の西欧化にともなって、日本人の心はいくぶんか甘えにたいするおおらかさや母性的な心の豊かさを見失いつつあるかもしれないのである。任俠心や義理人情といった日本人特有の気持ちが戦後七十年の歳月のなかになかば置き忘れられようとしているのは、そのあらわれだろう。任俠ものの浪曲や講談はすでにすたれて久しいし、俠客が義理と人情の板ばさみになって苦しむようなストーリーの任俠映画も今日ではもう見られなくなってしまった。そういうものはもう大方の日本人の感覚にあわなくなっていて、古くさいと感じられるだろう。日本人全体のそういう心の変化が、ヤクザとカタギの関係を大きく変えてしまっていると思われる。

一部のカタギの人々が任俠道や義理人情のかわりにヤクザのなかに見たがるようになったのは、暴力ではないかと思われる。私が実話誌の書き手という仕事をしていてもっとも強く実感してきたことの一つは、人々がいかに暴力を好むかということだった。

実話誌においてはなんといっても血なまぐさい抗争事件の記事が花なのである。『仁義なき戦い』の広島ヤクザの抗争は手を変え品を変えてくりかえし掲載されているし、実録小説やマンガでも抗争シーンの出てこないものはなく、抗争が過激であればあるほど題材としての価値が高いとみなされる傾向がある。そのほかの記事にも「戦闘力」「精鋭武闘軍団」「覇者」「戦略」「一大勢力」「大攻勢」などのキャッチコピーがおどり、ヤクザの世界が弱肉強食の熾烈な生存競争の場であるかのようなとらえ方をされることが多い。なぜそうなるのかというと、その方が読者に好まれるからである。そして、そういう実話誌の読者にはヤクザも少なくないが、ヤクザ好きのカタギの方が多い。つまりヤクザの抗争や権力闘争が好きでそういうものを見たがるのは、ヤクザよりもむしろカタギの方なのである。

ヤクザが描かれる実話誌以外のメディアとしてはVシネマがあるが、そっちの方はもっと徹底していて、抗争や権力闘争を中心として作られていないものは存在しないといってもよいほどである。そして、そのヤクザもののVシネマはじつはヤクザにはあまり好まれず、レンタル店で借りてきて観るのはほとんどがカタギの人々だという。

今日、カタギの人々がヤクザに興味を持ったり共感したりするのはおもにそういう部分においてであって、義理人情や任侠道の部分においてではない。それはヤクザの世界がじっさいに抗争や権力闘争をくりかえすようなものへと変貌してきたからでもあるだろうが、カタギの人々の心がそういうものを好む方向へと変化してきたからでもあるだろう。要するに日本人の心が全体的に、うるおいのある気持ちよりは、生き馬の目を抜くような生存競争や闘争が表にあらわれやすいものへと変化したのである。あるいは、今日の日本社会は『国定忠治』よりは『仁義なき戦い』が好まれるような精神的風土を持つようになったといいかえてもいいだろう。

しかし暴力が好きで実話誌を買ってきて読んだり、ヤクザ映画を借りてきて観たりするのはもちろんカタギのなかのごく一部の人々であり、多くの人々はそういうものには無関心だったり逆に嫌悪を覚えたりする。任俠道で世話になるようなことがなくなり、博奕の胴元と客という関係もなくなった多くのカタギの人々にとって、ヤクザは暴力を道具にして生きている遠い世界のおぞましい集団でしかなくなったのである。

かつてはカタギの人々に支持されることによって土地土地に根づいてきたヤクザが、逆に「暴力団追放運動」（暴追運動）によって追いたてられるというまったく正反対の状況になってきた背景には、そういう日本人の心の変化があるものと思われる。

自業自得

ヤクザが昔のように民衆に支えられて成り立っている状態ではなくなった原因の少なくとも半分はヤクザ自身の側にあると思われる。

津村会長は戦後のヤクザがカタギの人々に背を向けられ、暴追運動が起きるような事態になった理由について次のように語っている。

なぜそないなことになったかいうたら、極道の自業自得やというほかない。今の極道の生き方を見とったら、「われらは庶民とはちがう」いうことをわざわざ宣伝して歩いてるようなんが多い。庶民は舶来の背広を着てどでかい外車を乗りまわしたり、億ションに住んでクラブを飲み歩いたりはせえへんで。

極道は庶民そのものやし、カタギの庶民を離れては生きられへん。それが極道のいちばんの基本や。博徒の一家いうたかてなんも目立つようなことあらへん、庶民のなかにひっそりと埋もれて暮らしとって、「あそこの親分はんとこはいつもえらい静かやなあ。おるんやらおらんのやらわからへん」ふだんはそないにいわれながら、町内の祭ともなれば親分を先頭にそろいの看板（ヤクザの組名、代紋が入った法被）を着て出てきて威勢よく御輿をかついだりするもんやから、「やっぱりあのおっちゃんがおらんかったら、どもならんなあ」とカタギはんから頼りにされたり重宝がられたりすんのがあたりまえやった。暴力団は出ていけ、いわれて事務所立ち退きの住民運動をおこされるようなことは夢にも思わんかったんや。

極道がいばって、「わいは極道や。文句あっか」いう顔して、カタギはんに向かって肩いからせんのもスジちがいや。カタギはんにそっぽを向かれたら生き残れんのが極道やで。それをすっぽり忘れてもうて、「ヤクザは暴力団や。こわいから近寄らんとこ」いわれるようなイメージをわざわざばらまいてどないすんねん。

極道が時と場合によっては「わいは極道や」と胸を張って居直ってきたんは、スジのとおらんお上と銭カネが支配する世の中でスジをとおして、庶民の味方をしてるんやという自負があってのことや。まちがえんようにことわっとくが、「わいは極道や、文句あっか」というのんは庶民の側に立って、お上や銭カネの横暴にたいしてつっぱるときのセリフやで。まちごうてもカタギはんに向かっていばっていうセリフやない。ましてやな、夜店の射的の人形もよう撃てんようなやつが、走っているクルマの中からハジキをパンパン撃ちよるようなことをしたら、カタギはんはあぶなくて軒下も歩けん。そんなことをするんはギャングとしかいえんはずや。カタギはんから、「出ていけ」いわれんのもしゃあない思うわ。

お上にとって極道は畑の雑草のようなもんやが、深く根を張って菜っ葉とからまってるから、ほじくりかえすわけにもいかん。刈り取ってもまたいくらでも生えてくる。どうもならんでここまできたんや。しかし、菜っ葉のじゃまをしていばって生えてるような雑草やったら、菜っ葉の方からも、「早いとこ引っこ抜いてんか。じゃまでしゃあない」いわれるんとちゃうか？

戦後のヤクザがどのように暴力団化したかについては前章で確認したからここではもう述べないが、津村会長が指摘しているようなことがたしかにあったのである。ヤクザの多くは暴力団になってしまって、じっさいにしばしば抗争事件を起こし、拳銃で人を撃ち殺したり、ダンプカーで対立組織の事務所に突っ込んだりという荒々しい暴力行為をおこなっている。そのまきぞえにされて一般市民が犠牲になることもある。そのほかにも薬物の密売にかかわったり、暴力を背景に強引な地上げをしたり、悪質なヤミ金融を営んだり、はては振り込め詐欺までおかしているとなれば、そんなものが民衆の味方だなどとはだれも思うまい。一部のカタギの人々がそういうヤクザの暴力性に魅力を感じるようなことがあるにしても、大多数の人々には眉をひそめられたということが、ヤクザの孤立化を招いた一因であるといえるだろう。

その証拠に、暴追運動が盛んだった時期においても、追放を叫ばれるなど思いもよらないようなヤクザがいないわけではなかったのである。津村会長自身がその典型で、彼は次のような話をした。

もうだいぶ昔のことやが、わしんとこへも地元の警察から呼び出しが来よったんよ。で、わし、着流しに雪駄をはいて行ってみると、なんや署内の和室に副署長以下八人の幹部が待ちかまえとって、「津村はん、わるう思わんといてほしいが、当局の方針やよってに、今度から祭の世話から手を引いてもらえんやろか?」そういう話やった。で、わしは、「わし、祭が好きやから手を引きとうないが、お上のいうことやったらしゃあないと思うわ。けどな、わしが手を引いたら、困るのはカタギの皆はんやないんか?　そう思うよって、話をきめるんはカタギの皆はんにきいてからにしといてんか」畳のうえに正座して二時間半ばかしそういう話をして帰ったんや。

そしたら今度は、三十人ばかしで町内に出張ってきて、聞き込みにまわりよった。したらな、そのあとで刑事課長だかがたずねてきて、「行った先々で、「津村のオッチャンがおらなんだら祭にならへんのや。あんたら、余計なことをせんといてくれ」そういわれたよって、好きにやってくれてかめへん。そのかわり、看板を着てくんのだけはかんべんしてもらえんやろか」そういいよった。「ああ、わし、まだそないに思われてんのやな」そう思うてホッとしたけど、それ以来、代紋の入った看板を着て祭に出られんようになったんや。

ところが、しばらくして近所の染物屋のオヤジはんが亡くなってな。その息子はんがたずねてきなはって、「オッチャン、うちのオヤジな、オッチャンに着てもらうんやいうて死ぬまえにこれを作っといたんや。今年からはどうかこれを着て祭に出てくれへんやろか」いうねん。包みをあけてみると、背にはわししんちの巴の紋、襟には「津村」の名を染め抜いた法被がぎょうさん出てきよった。「ありがたいこっちゃ、これやったら看板なんか要らん。いや、これがわしの看板や」そう思うてな、今でもそれを着て祭の世話をさせてもろうてんのや。

要するに、周囲がどうであっても周囲の人々から必要とされ慕われているかぎり、追放を叫ばれるわけがないということなのである。

孤立化作戦

では暴追運動はどのようにして起きるのか。

一部には、じっさいにヤクザに迷惑をこうむっていたり脅威を感じていたりする付近の住民が自発的にそういう運動を起こすこともあるだろう。たとえば、分譲マンションのなかにいつのまにかヤクザの事務所ができてしまって、カタギの人々から見れば「風体のわるい人々」がさかんに出入りするようになった場合に、マンションの居住者が自治会で決議して、警察をうしろだてにして立ち退きを要求するようなケースがあると思われる。

しかし、多くの場合、暴追運動は警察の「暴力団取締り」の一環として、警察の主導のもとにおこなわれてきている。

沖縄を例にとってその実態を見てみよう。

沖縄にヤクザが生まれたのは戦後になってからである。だからそこでは、ヤクザが芽生えてから「本土並みの暴力団」になるまでの過程が一つのモデルケースのように足早にたどられてきている。そしてその過程のなかでは、全国随一といってもよいほどの大規模な暴追運動が展開されることになった。

沖縄にどんなふうにヤクザが生まれてきたかについてごくかんたんに要点だけを述べておこう。

まず沖縄人全体が戦争で生活基盤のすべてを破壊され、捕虜となって飢えと欠乏に直面するという危機に見舞われた。そうしたなかで、機敏で勇敢な若者たちが米軍倉庫から物資を盗んできて住民を飢えと欠乏から救ったのである。その盗みを当時の沖縄人は「戦果をあげる」といい、戦果をあげる若者たちは「戦果アギャー」と呼ばれた。

沖縄住民は解放されてからも食料や生活物資を戦果に頼らなければ生きていけなかったから、戦果アギャーたちの活動はより大規模になってしだいに組織化された。彼らはあきらかにアウトローだったが、住民にとっては不可欠な存在だったから、もちろんわるものとは見なされなかった。

さらに、戦勝国のアメリカに統治されていて警察が無力であるという状況のなかで住民に自衛の必要が生まれ、自警団（用心棒）が生まれた。社会が安定するにつれて戦果アギャーたちも盛り場に進出して自警団の役割を果たすようになり、そういうグループが一般社会から離れていきながら次第にまとまって大きな集団に育っていった。それが沖縄ヤクザのはじまりである。

つまり本土におけると同じように沖縄でも、ヤクザはもともとは困っている民衆を助けるところから生まれ、民衆に支持されることによって社会に根づいたのである。ところがその後、沖縄ヤクザの内部では、「いくさ世」と呼ばれる過激な抗争がはじまった。当然、当局による取締りも強化され、それとほぼ同時に暴力団追放のキャンペーンもはじまったのである。

まず、警察の見方を見てみると、沖縄警察の資料では「暴力団の起こり」は次のように説明されている。

守礼の邦といわれ、もともと犯罪の少ない平和な島、沖縄には第二次大戦前は暴力団は皆無であった。ところが第二次大戦は沖縄の社会を全面的に破壊し、多くの住民が失われ、生き残った者もそのほとんどが一切の生活基盤を失った。その結果、人々は米軍基地周辺でキャンプ生活を営み、米軍物資の支給を受けて生活していた。

そして、数年を経て自立できる者から次第にキャンプ生活を離れていったが、大半の住民は依然としてキャンプ生活を余儀なくされていた。その間、社会的、経済的混乱は続き人心は荒廃し、米軍用物資の盗品や、横流し品がバラック建ての店頭を飾り街頭には賭博等が横行し、不良徒輩が幅をきかせる状態が続いた。

これらが次第に集団化するようになり、那覇市と沖縄市（旧コザ市）を中心に多数の前科者や不良徒輩のグループのなかから腕力と金のある実力者が次第に頭角をあらわしてリーダーとなり、大きな集団を形成するに至り、沖縄ではじめて暴力団が組織された。

まちがったことは書かれていないが、暴力団の前身が戦果アギャーで民衆の危機を救ったというようなことはきれいに削除されている。この説明には、暴力団を徹頭徹尾、わるものにしなければならないという取り締まる側の配慮がはたらいているといえよう。

同じ資料には、「暴力団取締り」について次のように記されている。

暴力団を壊滅するためには、その存立基盤である人（構成員）、物（武器）、金（資金源）にたいし、あらゆる方法を用いて効果的打撃を与えていくことが必要である。警察では、
○組織の首領、幹部等を最重点に、組員を大量に検挙して社会から隔離する
○組織の存立基盤となっている各種資金源を封圧する
○拳銃等の武器を摘発する
ことに重点を置いた『直接制圧作戦』を推進するとともに、県民の協力のもとに暴力排除運動を盛り上げ、暴力団を社会から孤立化させることを目的として、『孤立化作戦』を展開している。

そして、その「暴力排除活動」については、

暴力団存立の社会的土壌を崩壊させ、彼らを社会からいっそう孤立化させるために、県民各層の協力を得て各種の暴力排除活動を推進している。復帰後十年間の各種公共および民間団体の暴力排除活動は、抗争事件が頻発した昭和五十一年の四十件が最高であるが、これまで百九十四回の暴力排除決議や暴力排除運動が実施され、約三十件の暴力団アジトが撤去された。

また、報道機関をとおして随時、暴力団の悪性を県民に訴えている。

つまり、暴追運動というのは暴力団を社会から孤立させようとする警察の指導のもとにおこなわれるものであり、それには報道機関をとおして暴力団の悪性を訴えるという世論操作が含まれているのである。

沖縄における孤立化作戦の端初

次にその孤立化作戦の実例を見てみよう。

沖縄警察による本格的な暴力団取締りは昭和三十七年一月十八日にはじまった。コザ市を本拠とする「コザ派」と那覇市を本拠とする「那覇派」はその前年から抗争をはじめ、いったんは警察が仲介役をつとめて和解にこぎつけたのだが、すこし前からその抗争が再燃して、その日、両派の決闘がおこなわれることになっていた。警察はその情報をキャッチし、とりあえず両派のおもだった幹部を拘束して武力衝突を未然に防いだのである。そして、それから数日後に沖縄ではじめての暴追運動がスタートしたのであるが、それはまさしく「報道機関をとおして暴力団の悪性を訴える」という方法でおこなわれている。

まず一月二十四日の『沖縄タイムス』紙に、「コザ暴力団K親分へ」と題する一般市民からの投書が掲載された。その内容は次のようなものである。

あなたがコザで十数人の子分をもち、土人の酋長気どりで市民を苦しめているのは文明社会においてほんとうに残念です。あなたが子分たちといっしょに遊技場やキャバレーであばれ、経営者を苦しめているのは周知のことであります。警察の目をうまくごまかし、法の盲点を利用して夜のネオン街をわがもの顔にふるまっているのはずっと前からのことです。あなたの子分たちがお客様にめいわくをかけているのは数えきれないほどですが、後難を恐れてみんな泣き寝入りしているのです。立派な家に住み東京から女優をつれてきても誰もあなたをえらいとは思いません。（中略）親分らしく正々堂々と行動して、うしろ指をさされないようにしたらいかがです。話によるとあなたたちのふるまいには警察も手をつけきれないというじゃありませんか。

あなたには妻も子どももあるはずだし、やがて孫もできるでしょう。

人間の因果ということを考えたことがありますか。もしあるのだったら現在の生活を反省すべきではありませんか。あなた一代だけ栄華をきわめても子孫はどうなるのでしょう。悪の種がどんな運命をたどるか考えてもみてください。

だれでも金持ちになりたいです。思うように金持ちになれないからといって手段を選ばないではあとがこわいから、私たちは貧乏もしているのです。あなたのようにずるいやり方でお金をもうけても何のよいことがありましょう。

奥さんに申します。あなたのかわいい子どもの将来のためにご主人の行動を批判してやってください。市民のためにもです。そして人間の良心をよみがえらせてください。

町であばれているチンピラもあなたの一声でどうにでもなります。あんなふるまいはやめさせてください。そして明るい住みよいコザの町にしてください。お願いいたします。（コザ市胡屋・上原康徳）

この「K親分」が、当時の沖縄ヤクザ界に君臨していた喜舎場朝信というコザ派首領であることを、沖縄の人々のほとんどが知っていたろうと思われる。おおやけの報道機関である新聞紙上に個人にたいするここまであからさまな非難の声が掲載されたということからも、「暴追」の強い意志が読みとれよう。

さらに、翌二十五日から二十九日にかけての『沖縄タイムス』夕刊紙には、「暴力」と題する連載企画が五回にわたって掲載された。初回のリード部分には、「暴力根絶の一助として、暴力その実態をあれこれとりあげてみた」とあるので、これもまた「暴追」の意図に導かれた企画だったことはまちがいあるまい。

その初回のテーマは「組織」で、見出しは、「遊び人の集まり／手をやく通り魔的犯行」と打たれている。

記事は「暴徒」については次のように解説している。

利害をめぐってくっついたり、わかれたり、これがさいきんの暴徒組織の特色といわれている。本土のヤクザなみに親分、子分の杯を交わしボスのためには命も賭けるといったヤクザ気質の身内は、両派とも数えるばかり。二十人にも足りぬと捜査陣はみている。〝一宿一飯の恩義——いまどきこんな言葉は通用しない。けんか助っ人を頼まれたとしても仁義の筋を通すのは、まず十人に一人ぐらい。何事も打算的に処理し金になればかけつけ、一文の得にもならんとわかれば手のヒラをかえす。ズバリいってさいきんの暴力組織とは、こんなものだ。組織というより遊び人の寄り合い世帯といったほうが適切。頼りないものさ〟——かつては物事はすべて暴力で解決するこの道で名をあげた某氏の弁である。

そして、記事は次のように結ばれている。

捜査の面からもこういう組織的犯罪は、扱いやすいという。むしろ困るのは、このところ目立ってふえた特飲街での流しの犯行。二、三人から数人のグループで一人歩きの酔いどれをおそう。わけもなくいいがかりをつけて袋だたき。被害者の悲鳴でヤジ馬がたかるころには早や姿を消しているといった通り魔的犯行である。肝心な被害者はへべレケに酔いつぶれ、加害者の人相、特徴など捜査の手がかりは何一つえられず、全くつかみどころがない。暴力犯の未解決事件は、ほとんどこういうケースだ。暴力犯罪捜査の盲点になりつつある。

この記事の趣旨はすこしわかりにくいが、沖縄の「暴徒」は本土のヤクザとはちがって取るに足らないものだとこきおろして、「暴徒」にたいする市民の嫌悪や軽蔑を引き出そうとしているのではないかと推察される。

第二回のテーマは、「財源」である。見出しは、「豊かな暮らし／根じろは遊技場、特飲街」となっていて、記事は次のようにはじまっている。

暴徒の逮捕状請求のためコザ派のボスKの家を捜索した那覇署員は、屋敷内に足をふみ入れてキモをつぶした。二百余ドルのシャンデリアを飾りつけた応接室、フシ一つない杉材をふんだんに使った内部造作、一万ドルちかい金をかけた庭園。薄給取りの刑事には一生涯かかっても望めそうもない〝御殿〟だった。那覇派のM宅も同じように豪勢な暮し向きだったらしい。二十人ちかい身内の面倒をみながらこのゆとり、それほど組織の財源はゆたかである。

捜査陣の話によると、両派の財源は遊技場、特飲街の二つあるようだ。コザ派は具志川、コザ、嘉手納、宜野湾、浦添あたりまでニラミをきかし、那覇派は那覇市内の玉ころがし屋、パチンコ店などの遊技場、通称十貫瀬のおでん屋街がかせぎ場所。

この記事の意図するところは、暴力団の首領の経済的な豊かさを紹介して一般市民の反感を呼びさますことだったと思われる。

連載は、第三回「お礼参り」、第四回「刑罰」とつづき、最終回「各界の声をきく」で結ばれている。

最終回に掲載されている五者の談話のうち、那覇署は「暴徒に追いうちをかけ、暴力悪を総ざらいにしたい」として、「一般の協力」を呼びかけている。

沖縄婦人連合会長は、「もう戦後十七年もたっているし、町にはびこる暴力も戦争のせいだと思えません」と述べ、「さらに徹底的な取締り」を求めている。

人権協会事務局長は、「もっと突っ込んで暴力組織を摘発してもらいたい」としながらも、更生面の充実の必要性を訴え、「暴力にたいしては沖縄の人たち全部が共同責任をもつことを認識することが必要だと思います」と結んでいる。

興味深いのは那覇市十貫瀬おでん屋組合の話である。十貫瀬のおでん屋街というのは、表向きはおでん屋の小店が立ち並ぶ特飲街のことで、先の記事のなかにあったとおり、当時、那覇派はそこの用心棒をシノギにしていたのである。談話は次のように記されている。

　業者が金を出しあってやとっている自警団をめぐってとやかくいわれているが、これは仕方がない。自警団がないと遊び人やチンピラのトラブルが続出、しまつに困る。警察に訴えると仲間のお礼参り、いやがらせとあとがこわい。特飲街の自警団は、業者の自衛手段といえる。もちろん、警察が常時、目を光らせておればこういう必要はない。手不足に悩む警察がはたしてそこまで手がまわるかどうか疑問だ。信頼される警察になってほしい。

つまり、企画の趣旨とは裏腹に警察への不信を表明し、「暴徒」が業界の用心棒として欠かせない存在であることを強く訴えているのである。

最後を締めくくっているのは、沖縄教職員会事務局長の次のような主張である。

（前略）コザ勢と那覇勢の暴力行為の対立は戦国時代への逆コースを思わせるものがある。民主主義の敵は貧困と無知と暴力であるというが、いかなる意味においても暴力は民主主義の敵である。これを絶滅して善良な市民が枕を高くして眠れるよう法秩序を厳然と守らせて欲しい。しかしその前提として沖縄の政治に正しさと明るさと清さがなければならない。およそ社会の犯罪の質と量は常にその社会に善政がしかれているかどうかのバロメーターであるといわれるからである。

そして、この最終回が掲載された一月二十九日の朝刊の紙面には、「暴徒手入れ／コザの喜舎場逮捕」の大見出しがおどった。新聞で「暴力団の悪性」が訴えられることによってはじめて沖縄のドンを逮捕できたのだと見られなくもないだろう。

暴追運動の自己矛盾

それでは、当時の沖縄の世相はどんなふうだったのだろうか。「社会に善政がしかれているかどうかのバロメーター」であるという「犯罪の質と量」が沖縄の戦前と戦後においてどのように変化したかを、沖縄県警防犯部が作成した資料にもとづいて見てみよう。

まず量の方はどうかというと、明治四十四年から昭和十九年まで（戦前）と、昭和二十六年から平成二年まで（戦後）の刑法犯の発生数の推移を人口一万人あたりの比率で見ると一目瞭然、発生率は圧倒的に戦後の方が高い。戦前の平均値が約五〇件であるのにたいし、戦後は約一五〇件。およそ三倍に増え、とくに昭和三十八年にはピークに達して、約二〇〇件を記録している。

昭和三十年代から五十年代にかけての沖縄の犯罪発生率は、本土の都道府県とくらべても上位であり、とくに強盗犯や傷害犯は、東京、大阪、神奈川、福岡などの大都市地域をしのいで全国一位を記録している。戦後のその時期の沖縄は突出した犯罪多発地域だったのである。

質の方はどうなのか。

同じ期間における犯罪のカテゴリー別構成比を見くらべると、そこからも戦前と戦後のあきらかなちがいが読みとれる。

戦後になって目立って増え、とくに昭和三十五年から四十五年にかけて膨らみを見せているのが暴行、傷害などの粗暴犯である。戦前には、粗暴犯の割合は多いときでも五％以内だったが、戦後のその時期には戦前の三、四倍の一五％から二〇％に達している。温和さは沖縄人の民族性の一つに数えられており、戦前のデータはたしかにそれを裏づけていると思われるが、戦後のその時期にかぎってはそうともいえない様相を呈している。

具体的にはどんなふうだったのかを、一斉取締りがおこなわれた昭和三十七年初頭の『沖縄タイムス』から目についた記事を拾いあげて見てみよう。

一月二十二日には、十貫瀬のおでん屋街で酒を飲んでいた会社員が、二十一、二歳ぐらいの遊び人ふうの三人づれになぐられ、全治一週間の傷を負ったという記事がのっている。先に紹介した「暴力」の企画が、「このところ目だって増えて、警察が手を焼いている」と指摘している特飲街での流しの犯行の実例である。

特飲街での米兵による女給殺しのような深刻な事件も報じられているし、片隅には酔っぱらった米兵が店のネオンを割ったというような小事件ものっている。

米兵による犯罪で目だっているのはタクシー料金の踏み倒しで、一月二十二日から二十八日までのわずか一週間で四件。そのうち二件は運転手が暴行を受けた強盗事件である。そのほかにも、十四歳の少年による追い剝ぎ事件、二人組がはたらいた強盗傷害事件、白昼のひったくり事件、沖縄人同士のケンカによる傷害事件、四人組による深夜の路上での強奪事件と、強盗や傷害事件が連日のように紙上をにぎわしている。当時の沖縄社会は治安のわるさがきわだっていたのである。

戦前とは別世界のそういう社会状況からして、「自警団がないとトラブルが続出してしまって困る。特飲街の自警団は業者の自衛手段である」という那覇市十貫瀬おでん屋組合の訴えは切実なホンネだったろう。つまり、ヤクザの暴力がしまつに困るようなカタギ社会の暴力を抑える役割をはたしているというのが、当時の沖縄社会の実情だったのである。

警察としてはもちろん、武器を手にして抗争をおこなっている暴力団を放置しておくわけにはいくまい。もし暴力団が万事やりたいようにやっているとしたらそれは無法社会であって、警察は何をしているのかということになる。相手がヤクザであれなんであれ、法治国家の警察が暴力を取り締まること自体は当然である。しかし、社会が必要としているものを追放しようとすることが社会にとって自己矛盾であることに変わりはない。カタギの人々はじっさいには自分たちの手に負えないような問題をヤクザに処理してもらっているにもかかわらず、一方で、「暴力団は出ていけ!」と叫ぶのである。

沖縄を例にとったが、そういう構図が本土においてもまったく同じであることはいうまでもない。

要するに社会の暴力と暴力団の問題にたいして、根本に立ち返って思慮深く解決が図られているわけではないということだろう。だから、沖縄のケースを含めていかなる孤立化作戦も暴追運動も、あるいは頂上作戦も、結局は成功したためしはない。暴力団は完全には孤立化できないし、一掃もされない。強制的にいったん解散させられるようなことがあってもいつのまにかまた息を吹き返し、しぶとく生きながらえて今日に至っている。

為政者を含めたわれわれカタギの人間は、先に紹介した沖縄の人権協会事務局長の、「暴力にたいしては沖縄の人たち全部が共同責任をもつことを認識することが必要だと思います」という言葉を噛みしめる必要があるかもしれないのである。

2 絶対多数者による差別

駆逐される良貨

ヤクザの側に暴力団化という変質があればカタギの人々からうとまれるようになるのは当然のなりゆきで、そういうものは社会から排除されるべきだという意見に反対する人はあまりいないだろう。

しかし、ヤクザの孤立化にはヤクザの側にすべての責任があるわけではない。もう一つの原因があって、そこにはまた別の問題が含まれている。

それを考える手だてとして、前章で紹介したD氏の話を思い出してみよう。

D氏はヤクザのなかにも二、三割のまともなヤクザと七、八割の暴力団がいると述べている。あるいはそれは、多くのヤクザの心の中に二、三割のまともなヤクザの部分と七、八割の暴力団の部分が同居しているということなのかもしれない。いずれにしてもたとえ一部にでもまともなヤクザの人々がいる。あるいは多くのヤクザの心が完全に暴力団化しているわけではない。それは長年ヤクザを取材してきた私自身の実感でもある。

問題は、今日ではそういうまともなヤクザの人々までもが無差別的に社会から排除されようとしているということである。あるいは、多くのヤクザの心の中にはまだ二、三割のまともなヤクザの部分が残されているにもかかわらず、それがまったくかえりみられずに一律に暴力団と見なされて社会から孤立化させられようとしているということである。

すでに述べたとおり、そんなふうになった理由の半分はヤクザの側にあるだろうが、もう一つの理由として、マスコミによる選択的な情報提供ということがあげられる。一般市民の多くにはヤクザについて、「暴力団がまたこんなに悪質な犯罪をおかした」というようなネガティヴな情報しか与えられていない。だから市民がヤクザの実像を全体的に理解する手だてがないのである。もともと多くの日本人の心が義理人情や任俠道といったものから大きく離れてしまっているうえに情報がないのだから、カタギの人々のまともなヤクザにたいする理解は失われていく一方だろう。

そういう理由で、一般市民にはすでに「ヤクザ＝暴力団＝まがまがしい悪の集団」というイメージが定着してしまっている。つまり、D氏のいうまともなヤクザにたいする理解がほとんど失われてしまっているのである。任俠道というものがあるからヤクザは民衆の味方なのだということは半世紀前までの日本人にとっては常識だったはずだが、今の若者にそんなことをいったら逆に「非常識だ」と笑われかねない。

それはまともなヤクザの側に責任のあることではないだろうし、社会にとって好ましいことでもあるまい。なぜなら薬物の密売や悪質なヤミ金融などをシノギにしている暴力団はたとえ孤立化させられても生き延びていくだろうが、まともなヤクザにはカタギの人々の支持が必要だからである。それが失われればまともなヤクザは無力化して消えていくほかはなく、あとには悪質な暴力団しか残らないことになるだろう。

じっさい今、全国でそういうことが起こりつつあるという見方ができる。すべてとはいえないまでも悪貨は良貨を駆逐するという法則はヤクザ界にもあてはまって、経済力のある暴力団が栄え、まともなヤクザの方はじゅうぶんなカタギの人々の支持を得られないために経済力を失って消えていくという現象が見られないわけでもないのである。

無理解と差別の構造

問題はもう一つあって、それは孤立化させられているだけでなく、ややもするとヤクザというものが全体的にカタギの人々から差別の目で見られるようになっているということである。

じっさいに私は全国のヤクザを取材してまわっているあいだに、「ヤクザは今やわが国で随一の被差別民だ」という怨嗟の声を何度も耳にしたし、あるヤクザから次のような話をきいたことがある。

うちにまわってきた回覧板を見たら、「近所に暴力団は住んでいませんか。もしいたら知らせてください」と書いてあったんですよ。「うちがその暴力団です」と名乗り出た方がいいのかどうか、思わず考えこんでしまいました（笑）。

もしヤクザが地下犯罪組織であるというなら、そういうことがあって当然かもしれない。しかし、かりにヤクザが完全に暴力団そのものであるとしても、日本国憲法に照らしてそういうことがあっていいものかどうかについてはかなり疑問が残るだろう。まして、まともなヤクザにたいしてそういう扱いがされるとしたら、それは差別を通り越して一種の迫害ととれなくもない。

差別の意識は常に多数者から少数者に、立場の上の者から下の者へと向けられ、多くの場合、自分たちとはちがう相手にたいする無理解から生まれる。そしてカタギとヤクザの関係も現在、たしかにそういうものになっているのである。

単純化して日本の人口が約一億、ヤクザの人口が五万とすると、二千人の日本人のうちの一千九百九十九人がカタギで一人がヤクザである。つまり、カタギは圧倒的多数者であり、ヤクザは圧倒的少数者である。

そして、客観的に見て、カタギとヤクザには考え方や風俗習慣においてちがうところがあることはまちがいないだろう。たとえばカタギはめったに全身に刺青《いれずみ》を入れたりしないし、指を詰めたりもしない。ヤクザがそういうことをしているのを見れば、カタギはまず例外なく、「自分たちとはちがう」という感想を抱くはずである。

そういうふうに自分たちとはちがう異質なものを見たときに、特にそれが少数者だったり立場が下だと思われる者だったりする場合に、われわれはどう反応しがちだろうか。

たとえば、アメリカン・ネイティヴの一部の部族は、戦って殺した敵の頭皮を剝ぎ取って持ち帰り、乾燥させて壁に飾っていた。エスキモーには、大切な来客に自分の妻を一夜、貸し与えてもてなす風習があった。

そういう異質な風習を見聞すると、われわれは思わず不快感を覚えて眉をひそめ、「残虐だ、野蛮だ、不道徳だ」と感情的に反応しがちである。そして、ほかに何も情報がなければ、そのことだけで、「アメリカン・ネイティヴは野蛮な民族だ」「エスキモーは不道徳だ」といったような差別的な判断をくだしてしまわないともかぎらない。そういう場合、自分たちの先入観を脇にどけておいて、真っ白な頭で異質なものを理解しようとする姿勢をわれわれはほとんど持たないのである。

現在のカタギがヤクザを見る見方が、まさにそうかもしれない。あれこれいう前に必要なはずの理解がどれだけあるかは、はなはだ疑問であるにもかかわらず、ヤクザが指を詰めたり刺青をしたりしているのを見ると、なんと野蛮な人たちだろうと眉をひそめる。そして、そういう感情的な反応が、「ヤクザは野蛮で凶悪な集団だ」という結論へと直結していく。カタギの人々がヤクザについて非常に狭い範囲の情報にもとづいてあれこれいうとき、そういう差別的な判断がくだされていないとはいいきれない。現にプールや温泉などに、「刺青の方は入場をご遠慮ください」という貼り紙がしてあるのは、それが一般市民に不快感を与えると考えられているからにほかなるまい。

もしアメリカン・ネイティヴやエスキモーを全体的によく理解すれば、彼らが決して日本人以上に残虐でも不道徳でもないということがわかるはずである。日本人とは風俗習慣がちがうが、よいところもたくさんあって、敵の頭皮を剝いだり、自分の妻を来客に貸したりしていた行為も、彼らの考え方のなかで受けとれば理解できないことではない。

ヤクザという集団にたいする認識もまた、本来そうでなければならないはずである。

断指や刺青の風習がどんなに異様に見えたとしても、それはアメリカン・ネイティヴやエスキモーの風習が異様に見えるのと少しも変わらない。ヤクザが断指をおこない刺青を入れるには彼らなりの思いや考えがあって、そのなかに入りこんで受けとってみればとくに異常とも醜悪ともいえないところがある。カタギの人間にも、「ああ、なるほど」と理解されないことではないのである。

ヤクザはカタギとはいろんな点で異なるが、全体的に見ればそんなによくもなければわるくもない。カタギの人々とそれほど変わりがないというのが事実だろう。私自身は長年、仕事のうえでヤクザと接してきてじっさいにそう感じている。さらに、ひと口にヤクザといってもじつにいろんな人間がいて、考え方も価値観も生きざまもさまざまである。「ヤクザというのは」というようなもののいい方はなかなかできにくいというのが、私もそうだが、現実に多くのヤクザと接している人間の実感だろう。

今のヤクザのなかでまともなのは二、三割だと述べたD氏は、次のようにもいっている。

しかし、そんなふうにわるくなったのはじつはヤクザにかぎらないんだ。それじゃカタギの人たちはみんな清く正しくまじめに生きているかというと、そんなことはない。ほんとうにまじめな気持ちで生きてるまともなカタギはやっぱりせいぜい二割か三割で、その比率はヤクザの場合と同じだろうね。要するに日本人の生き方というものが昔とはちがってしまって、日本人全体がわるくなったということだ。だから、ヤクザよりもっとひどいカタギだっていくらでもいるんだよ。

あんまり泣いてうるさいからといって、自分の子どもを橋の上から川に投げ捨てちゃう親がいるんだからね。今、毎日のように子どもたちや弱い者ばっかりが殺されているんだよ。きのう会った十九歳の女の子が腕に入れ墨を彫ってるんだ。見えないところじゃない、見えるところなんだよ。それもきれいならまだしも、文字だとか卍の絵だとかでぜんぜんきれいじゃない。私はビックリしちゃって、「なんてことをしたんだ。おまえ、それは消さなきゃダメだ」っていってやったんだ。今の日本には、そんなふうな若者がいっぱいいるんだよ。

私は、戦争に負けた日本が戦後これほどまでに復興をとげるとは想像もつかなかった。それはもちろん喜ばしいことなんだが、精神的な面でいえばその戦後がいけなかった。アメリカにとっては占領政策が大成功したということなんだろうが、今の日本人というのは、日本人であることを否定しているようなところができてしまっている。

昔の日本人は、日本の文化というものを大切にして、ある程度は人間の情というものでつながりを持って生きていたんだ。だから、社会全体にもっとうるおいがあったし、それほどおかしなことは起きなかった。日本の文化にはすばらしいものがいっぱいあって、ヤクザの世界もそういう文化を基盤に成り立っていたんだが、その基盤を全部なくしちゃったのが今の日本なんだよ。

私には、今の日本の国は狂ってるとしか思えない。

たしかにそういう面があるだろうと思う。ヤクザよりもっとひどい部分を持つカタギの人間が「ヤクザはわるくなった」と嘆くとしたら、それは自分で自分の影を見て眉をひそめているようなものなのである。

いちばんの問題は、今のカタギの多くはヤクザを知らなすぎるということだろう。若い世代の大多数はおそらく、アメリカン・ネイティヴやエスキモーについてと同じ程度にしかヤクザを知らないだろう。それというのも今やカタギの圧倒的多数にはヤクザについて非常に狭い範囲の情報しか与えられないからで、その状況はアメリカン・ネイティヴについて、「彼らは頭の皮を剝いだ」という情報がくりかえし垂れ流されつづけているに等しいだろう。それがヤクザにたいするいわれのない差別を生んでいると考えなければならない。

ヤクザの孤立化の一因がマスコミの報道姿勢にあることはあきらかだろうが、マスコミのそういう姿勢の背後に為政者の意思があることは沖縄の例で見てきたとおりである。為政者がそういう意思を持つようになったことにはそれなりの理由があるだろうが、孤立化作戦というやり方はあまりに短絡的で、ヤクザの理解にもとづいて思慮深く考えられた方法とはいえない。なぜなら思慮深く考えれば、ヤクザの根絶が無理であることはあきらかだからである。日本にヤクザが生まれ出たことには民族の心理に根ざした深いわけがあって、それは為政者の意思で変えられるようなものではない。

懸念されるのは、すでに述べてきたように、そういう圧力によってヤクザ社会がますますわるい方へと変わっていってしまうかもしれないことである。ヤクザとカタギのあいだにできてしまっている大きな隔たりを見ると、ヤクザの全面的な暴力団化、犯罪組織化という懸念を拭いさることができなくなる。

3　暴力団取締りについての提言

ヤクザの心の特徴

ヤクザにはアウトローの部分があるのだから、為政者がそれを取り締まるのは当然のことで、ヤクザがそれを免れたことはかつて一度もなかった。ただ、そのやり方にはかなりの振幅があり、ヤクザがお上から十手を預けられて治安維持の役割を果たしていた時代もあったし、逆に博徒であるというだけの理由でとらえられ刑罰を受けた時代もあった。

しかし、これまでのほとんどの為政者はヤクザにたいして、「取り締まる」すなわち「管理、監督し、法に照らして処置する」という姿勢をとってきた。つまり、ほどほどの規制を加えながら、基本的には存続を黙認してきたのである。

それもまた当然だろう。日本人の心の構造からして日本社会には必ずヤクザが生まれ出る。日本社会にヤクザがいるのは、人類社会に売春があるのと同じくらいに必然である。日本人の民族性に革命的な変化でも起きないかぎり、日本社会からヤクザが姿を消すことはないだろう。「取り締まる」という発想はそれを現実として受けとめるところから出てくるのであり、それが為政者がなし得るベストの対応だろうと思われる。

では、これまであきらかにしてきたことをふまえて考えて、どういう取締りがもっとも理にかなっているのだろうか。

それを考えるに先だって、ここでもう一度、ヤクザの心の特徴を確認しておこう。

ヤクザとカタギはかけ離れた存在ではない。甘えにたいしておおらかな日本人の心の深いところには「ヤクザなるもの」という独特の原型があって、甘えたくても甘えられない状態に置かれると日本人の多くがヤクザのような気持ちになることがある。ヤクザは、その「ヤクザなるもの」が人格の表面にあらわれている人々である。

ヤクザの心の深いところには強い甘えがひそんでいる。甘えたくても甘えられない気持ちが裏返って彼らを荒ぶらせ、アウトローへと向かわせたのである。甘えを肯定するヤクザは母性的な心の持ち主であり、義理人情を重んじて生きている。そしてそのぶん、父性的な心で成り立っているカタギ社会の価値観や考え方にたいしては不信や反発を感じている。そういう気持ちで彼らはカタギ社会への順応を拒否している。

ヤクザにはアウトローの部分があるが、まったくの無頼の徒というわけではない。ヤクザはスジをとおすことを重んじ、ヤクザ社会には厳しい掟がある。彼らはある意味ではカタギの人々よりも強い独自の倫理観や規範意識を持ち、それにしたがって生きている。ヤクザの気持ちのなかには日陰ものとしての自覚もあるが、法はおかしても人の道にはそむいていないという自負もある。

ヤクザの多くは博奕や露店の営業を職業として、ハレの領域で生きてきた。職業からいえば彼らはハレの遊びをつかさどるサービス業者であり、カタギの人々に支持されてはじめて成り立つ人気稼業である。また、ケの領域で生きるカタギの人々とは一種の棲み分けができていて、ケの領域にはみ出さないことでアウトロー性が狭い範囲に限定されていた。

ヤクザ集団は擬似家族の形をとり、とくに親－子の関係を土台とするゲマインシャフトである。だから本来、ヤクザ同士は情の部分で結ばれており、親－子の関係もゲゼルシャフトの上下関係とは異なる。たとえ一家が博奕や露店の営業を稼業としているにしても、その稼業はシノギであってヤクザとしての本筋ではないと考えられてきた。

ヤクザは任侠道を理念として生きてきた。任侠道は西欧的なボランティアとは異なり、おもに情を動機とする行為であって、カタギの人々の甘えにこたえようとする「侠気」に支えられている部分もある。ヤクザはその任侠道を掲げて民間の自警団としてはたらき、カタギの人々の役にたってきた。そういう役割を果たすことで、アウトローの部分を大目に見られてもきたのである。

戦後の日本社会の変化に同調して、ヤクザの組織化、系列化、暴力団化が進み、一部には犯罪組織化のきざしもあらわれてきている。しかし、一部には本来のヤクザとしての生き方を守っていこうとする人々もいて、すべてが暴力団化したわけではない。表面的には暴力団化しているように見える多くのヤクザの心の中にも、本来のヤクザの生き方を守っていこうとする気持ちがある。

望ましい暴力団取締りのあり方

さて、それでは以上のようなヤクザの心の特徴から考えて、どのような取締りのあり方が最善といえるだろうか。私の考えを以下に記しておきたい。

①ヤクザの取締りは「治める」あるいは「管理、監督する」方向でおこなうべきである。なぜなら、ヤクザは決して消滅させられないからである。ヤクザは権威権力には反発するものだから、強い姿勢で社会から追放しようとしても反発が強まるだけで、地下に潜行して犯罪組織化するおそれがある。

取り締まるためには為政者とヤクザとのあいだにある程度の友好的な関係が成立していなければならない。それがヤクザの反発力を弱め、過激化を防ぐ効果をもたらすだろう。

現在、為政者とヤクザの関係は冷えきっている。外国人問題と関連してあるヤクザが次のように語った。私自身が取材構成した『実話時代』の記事からの引用である。

外国人犯罪組織というのは本国の政府と深く結びついてるんですよ。たとえば香港が中国に返還されるときには、返還されたあとでいわゆる黒社会をどうするかということが、中国政府のいちばん大きな課題の一つだったんです。そこで中国政府はどうしたかというと、返還の五、六年も前から黒社会のボスたちとの間で話しあいを重ねて、協定を結んで、黒社会は返還後の社会にスムーズにおさまったんです。

香港だけじゃなくて、上海や福建などの犯罪組織もみんな地元の行政府との結びつきが非常に強いんですよ。もし日本のヤクザが上海に進出して地盤を築こうとしたりすれば、地元の組織と行政府は足並みをそろえて排除に乗りだすでしょうね。それが世界の常識です。

外国人組織と地元組織と警察の三者を頂点とする三角形を描けば、外国人組織が遠くへ押しやられるのがふつうですよ。それではじめて警察は外国人組織を排除できるし、地元組織は利権を守ることができるんです。ところが現在の日本の一部では、ヤクザと外国人組織の方が接近して、警察が遠ざけられるという異常な状況になってしまってるんです。ヤクザと警察の関係がそこまで離れてしまっているということですが、そういう状態はヤクザにとっても警察にとっても何一ついいことがないんですよ。

②ヤクザはできるかぎり博徒とテキヤに戻れるように方向づけられるべきである。
ヤクザが古来、博徒とテキヤを専業としてきたことにはそれなりのわけがある。それを無視してヤクザから博徒、テキヤとしての生活基盤を取りあげたことがヤクザとカタギの棲み分けをあいまいにして、取締りをむずかしくし、アウトローとしてのヤクザの活動の場を広げてしまっている。ヤクザがハレの遊びの領域に戻ればカタギ社会との適切な関係と距離が保たれ、暴力団化を食いとめることができる。

③為政者は民間の自警団としてのヤクザのはたらきを活用すべきである。

ヤクザは古来、地域の用心棒として治安維持に役だってきた。また、ヤクザは不良少年を取りこんで更生させるなど、犯罪が広がるのを防ぐ役割も果たしてきている。カタギや外国人の犯罪が増えて治安がわるくなっている今日、治安維持や犯罪捜査の領域で為政者がヤクザの協力を得られれば、そのメリットは測り知れない。

参考までに、ここでもヤクザの声を紹介しておこう。

まずは外国人組織との関係について。

a　今、地域によっては中国人、イラン人などの外国人の犯罪が増えてますが、そういう勢力とつるんで何かやるようなことはどうなのかと思いますね。ヤクザとしてやっていいことわるいことがあるでしょう。いろんな意味で、ヤクザにもそれがわかっている人とわかっていない人がいるような気がします。

b　ごく一部でしょうが、ヤクザがカネ欲しさに人の命を狙ってみたり強盗をはたらいてみたりと、昔だったら考えられないようなことをしてますからね。

a　ヤクザだから何をやってもいいっていうのはもちろんまちがいだと思いますね。そういう方向へ行ってしまったら、暴力団かマフィアでしょう。

b　一部のヤクザが外国人組織と組んでいることには、過去においてヤクザが排除に協力したのに、それが終わると国が手の裏を返すような仕打ちをしてきたということが影響してるかもしれない。

a　うちでは外国人組織とはいっさいつきあってないけどね。

b　つきあおうにもこのへんにはいないですから。遊びには来るけど、仕事の拠点にするようなことはないですよ。入れないようにしてますから。

a　まあ、十年後、二十年後には進出してくるようなことがあるかもしれないけど、彼らとうまくやっていこうという気持ちはいっさいないですね。入ってきたら排除するだけです。だいたい、ヤクザと外国人組織は気持ちも考え方も根本的にちがうんだから、よく考えればつきあえるはずがない。外国人はゼニを稼いで帰ってしまえばいい。出稼ぎに来てるわけだから短期間勝負で、カネのためなら何でもやるでしょうが、われわれはずっとここにいなければならないんだからね。

b　ヤクザは人気商売で、カタギに信頼されてなんぼのものですからね。（私自身が取材構成した関東の二次団体若手幹部の対談記事から引用）

すべてのヤクザがそうであるとはいえまいが、外国人組織の進出については多くのヤクザから同じような発言が聞かれている。

次に、不良少年の更生について。

親が何人も若い子を預けにきましたよ。なかにはナイフでやたらと人を刺したりするような若者もおりました。いっしょに歩きよっても、パッと後ろを振り向いたらもう刺してる。目を離しておけんのですが、そういうのでも入ったからには家族の一員ですからね。たとえカタギになるにしても、一人前にさせてやらんといかん。

うちに寝泊まりさせて、掃除やメシ作りをさせているうちに、礼儀もできれば人の痛みもわかるようになって、それはもう良くなりました。「おまえはもうカタギでやっていけるから」といって、カタギにさせましたよ。本来なら学校の仕事でしょうが、学校はもうぜんぜん放置しとりますからね。

こういう話もいたるところで聞かれた。親の手におえない少年がヤクザに預けられるというケースは今日でも意外に多いのである。

④ヤクザ社会全体を一つの業界として認めることとひきかえに各団体の活動をおおやけにさせ、ヤクザ社会の浄化を図るべきである。

ヤクザ社会のなかには暴力団化している部分もあるが、本来のヤクザのあり方を保っている部分もある。暴力団の部分をせばめ、まともなヤクザの部分を広げていくためには、ヤクザ社会全体をできるかぎり明るみに出しておくことが必要である。まともなヤクザは認め、暴力団は追放するという姿勢で取り締まることがヤクザ社会の浄化をもたらすだろう。

⑤暴力団の犯罪だけが報道されたり、逆に暴力団の暴力の強さが礼讃されたりするのでなく、カタギの人々がヤクザのありのままの姿を理解できるようにすべきである。

日本人はたしかに暴力団の悪性も知らねばなるまいが、日本古来のまともなヤクザのよさも知らねばなるまい。為政者の孤立化作戦の発想はあまりに短絡的であり、それがヤクザをより劣悪化させる原因の一つとしてはたらいてきたことはまちがいないだろう。

報道の自由が守られ、ヤクザの全体像がカタギの人々に紹介されることがぜひとも必要である。

⑥任俠道が尊重され、古来のヤクザ文化は保存されなければならない。

それがヤクザ社会全体の意識向上をもたらすことにもなるだろう。

伝統につちかわれた博徒の賭場の作法や技術、テキヤのタンカバイの口上などは日本固有の貴重な無形文化財であるはずだが、今や絶滅の危機に瀕している。それらを後世に伝えるべく、早急に保存することを考えねばなるまい。

⑦ヤクザにたいする差別的なあつかいをやめるべきである。

差別などによって不当におとしめられれば、ヤクザはより強く反発し、精神的にすさんだ部分ができるだろう。ヤクザの人々はもともと認められ受け入れられたいという気持ちがカタギ以上に強いのである。理解し、公平にあつかうことがヤクザの反社会性を弱め、暴力性をしずめることにつながるはずである。

以上が、私の考えるもっとも適切と思われる「取締り」のあり方である。

4 結論

ヤクザをどうするかという問題は、深いところでは日本人の日本人らしさをどうするかという問題につながってくる。

ヤクザは、「ヤクザなるもの」という日本人固有の原型のあらわれである。アウトローであると同時に、日本人本来の母性的な心を保存する人々でもある。そして、そういうヤクザが社会の一隅に生きつづけてきたというところに、甘えにたいしておおらかな日本社会の特異性があるといえるだろう。

ヤクザにはアウトローとしての部分もあるが、義理人情を重んじ、任俠道をかかげるその生き方には日本の民衆の心をとらえる部分もある。ヤクザは民衆の役にたち、民衆はヤクザを支持するという形で両者の共存が成り立っていたのが従来の日本の社会だった。

戦前のヤクザにも暴力性がなかったわけではないが、少なくともそれがカタギに向けられるようなことはなく、多くの日本人にとってヤクザはそんなにわるいものではなかった。場合によっては尊敬される存在でもあったから、ヤクザの親分が政治家を兼ねるということもふつうにあり得た。

戦後、日本社会の西欧化が進むなかでヤクザ社会にも変化があらわれ、同時にカタギの人々のヤクザにたいする見方も変わってきた。ヤクザの多くは暴力団と化し、多くのカタギの人々は義理人情に代表される日本人本来の心を失っていったことがそのおもな原因と思われるが、為政者が暴力団の撲滅を目的とする世論操作をおこなってきたことも大きく影響していると考えられる。

問題は、そういう流れのなかで、本来のヤクザの生き方を守っていこうとしているヤクザの人々がもっとも大きなダメージをこうむっているということである。その結果、ヤクザ社会の悪化に拍車がかけられ、暴力団化がいっそう進んでいくという悪循環が生じているものと思われる。

日本人の心は西欧人の心とちがっていくぶんか母性的な要素が強く、よくもわるくも甘えにたいしておおらかである。ヤクザがいる社会であるということは、そういう日本人の民族性のあらわれであると受けとられるべきだろう。西欧的な見方をあてはめれば、ヤクザはマフィアと同じような犯罪集団で、そういう集団のいる社会は不健全だということになるが、そうした見方が日本固有のヤクザにたいする理解を欠いていることはあきらかである。

戦後の日本人は日本人であることに誇りを持ちにくくなっていて、日本人らしいということが当の日本人に否定的に受けとられる風潮さえ感じられる。およそ半世紀前に著された『「甘え」の構造』のなかで日本的心情の典型として記述されている義理人情が、今日の社会においてはすでにかぎりなく薄らいできているのを見ても、日本人らしさがいかに置き去りにされてきているかがうかがえる。しかし、深いところではやはり日本人は日本人でしかあり得ないのであって、今なお本来のヤクザでありつづけようとする人々がいることがそれを証明しているように感じられる。

ヤクザをどう受けとめるかという問題は、敗戦国民である日本人がいかにして自国の文化にたいする誇りを取り戻し、日本人としてのアイデンティティを回復するかという問題でもある。たとえ困難でもそれは解決すべき問題だろう。

あとがき

私がこの本のもとになる論考を連載した『実話時代』は、二〇一九年九月号を最後に休刊した。三十五年間にわたってヤクザ社会の情報を発信し続けてきた老舗の「ヤクザ専門誌」も、時代の流れには逆らえなかったものと思われる。北は北海道から南は沖縄まで、全国各地のヤクザ組織を訪ね歩いた日々は今や遠い思い出となり、そこで出会ったたくさんのヤクザの方々の顔がなつかしく思い出されてくる。

「ヤクザ＝悪質な暴力団」のイメージは久しく一般市民に定着しているから、当時、私がヤクザの取材をしているというと必ずといっていいほど、「こわくないですか？」ときかれ、「こわくはないです。楽しいですよ」と答えてもなかなか信じてはもらえなかった。

しかし、それはホンネだった。一般の人々はヤクザの世界におぞましいイメージを思い描いているかもしれないが、実際には決してそんなことはなかった。少なくともわれわれ取材者にとっては、ヤクザはこわくもなければストレスを感じるような相手でもなく、むしろ親しみやすくて話もおもしろかった。だから、私は取材に行く前は、「今回はどんな人からどんな話がきけるんだろう？」とワクワクし、現場では笑顔で仕事をさせてもらった。正真正銘、本当の話である。

そんなふうに感じられたのはヤクザの人々がわれわれに精一杯、気をつかってくれていたからでもあるのだろうが、気づかいだけでは親しみやすさは感じられまい。もちろん、多くのヤクザには取材者にはうかがい知れない別の顔もあるのだろうが、そういうことは特にヤクザに限ったことでもないだろう。

私の論考はそういう体験をとおして生まれ出てきたもので、アカデミックな研究室のなかで練りあげられたようなものではない。

快く取材に応じ、話を聞かせてくれたヤクザの方々と、発表の場を与えてくれた旧『実話時代』編集部の方々に改めて感謝したい。

私がこの本を世に出そうと思った動機は序章で述べたとおりである。なにぶんにも力不足ではなはだ不満足なものとなったが、ヤクザの心理を精神分析学や民族心理学の観点から考えた著作は、ほかにはないかもしれない。本書が一般の人々のヤクザに対する無理解や偏見をただすことに少しでも役立ち、こういう分野の研究の嚆矢として、研究者の方々の目に留まってもらえれば幸いである。

最後に、感染症が流行するという緊急事態のなかで刊行への作業を進めてくださった新曜社の方々、特に編集を担当してくださった渦岡謙一氏に心からの感謝を捧げたい。

令和二年盛夏

著　者

参考文献

土居健郎『「甘え」の構造』弘文堂、一九七一年
『令和元年版警察白書』国家公安委員会・警察庁、二〇一九年
『古事記』倉野憲司校注、岩岩波文庫、一九六三年
C・G・ユング『人間と象徴——無意識の世界』(上・下)、河合隼雄監訳、一九七五年
ヨランデ・ヤコービ『ユング心理学』高橋義孝監修、日本教文社、一九七三年
志賀直哉『清兵衛と瓢箪・網走まで』新潮文庫、一九六八年
穂積隆信『積木くずし——親と子の二百日戦争』桐原書店、一九八二年
J・M・デュセイ『エゴグラム——ひと目でわかる性格の自己診断』池見酉次郎監修、新里里春訳、創元社、一九八〇年
ブルーノ・ベッテルハイム『性の象徴的傷痕』岸田秀訳、せりか書房、一九七一年
古川幸次郎・佐竹昭広・日野龍夫『日本思想体系 本居宣長』岩波書店、一九七八年
谷岡一郎・仲村祥一編『ギャンブルの社会学』世界思想社、一九九七年
Edmund Bergler, *Psychology of Gambling*, Hill and Wang, 1957
室町京之介『香具師口上集』創拓社、一九九七年
波平恵美子『ケガレの構造』青土社、一九八四年
ルース・ベネディクト『菊と刀——日本文化の型』長谷川松治訳、現代教養文庫、一九六七年

『平成五年版警察白書　暴力団対策法施行後1年を振り返って』警察庁、一九九三年
『平成三年版犯罪統計資料』沖縄県警察本部、一九九一年
『沖縄の慟哭——市民の戦時・戦後体験記』那覇市、一九八一年
『沖縄タイムス』沖縄タイムス社、一九六二年一月分

著者紹介

大貫説夫（おおぬき・せつお）

1950年栃木県生まれ。東京教育大学大学院（教育心理学専攻）修士課程修了。カウンセリング塾を主宰するかたわら、フリーライターとして月刊誌などに執筆。桑沢デザイン研究所講師などを歴任。現在はアンティーク雑貨店店主。
著書：『風、紅蓮に燃ゆ　帝王・加納貢伝』（幻冬舎）、『『男はつらいよ』の効能書き［全48作］をもっと心に効かせる鑑賞ガイド（上巻・下巻）』（講談社・こまものやよさぶろう名義）など。

新曜社

ヤクザと日本人
その心理学的考察

初版第1刷発行　2020年8月31日

著　者　大貫説夫
発行者　塩浦　暲
発行所　株式会社　新曜社
〒101-0051
東京都千代田区神田神保町3-9
電話（03）3264-4973（代）・FAX（03）3239-2958
e-mail : info@shin-yo-sha.co.jp
URL : https://www.shin-yo-sha.co.jp

印　刷　新日本印刷
製　本　積信堂

ISBN978-4-7885-1688-5 C1036

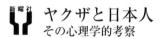